El derecho a la ciudad

Henri Lefebvre

El derecho a la ciudad

Presentación y traducción de Ion Martínez Lorea

Alianza editorial
El libro de bolsillo

Título original: *Le droit à la ville (1968)*
Traducción de Ion Martínez Lorea y J. González-Pueyo

La presente edición ha sido licenciada por los propietarios de los derechos mundiales en español y de la traducción, Capitán Swing Libros SL, por mediación de Oh!Books Agencia Literaria.

Diseño de colección: Estrada Design
Diseño de cubierta: Manuel Estrada
Ilustración de cubierta: Chabolas entre rascacielos del distrito financiero de Manatí, Filipinas, 1999. © Getty Images / Jay Directo / AFP
Selección de imagen: Carlos Caranci Sáez

Calle Valentín Beato, 21
28037 Madrid
www.alianzaeditorial.es

ISBN: 978-84-1148-641-5
Depósito legal: M. 2.862-2024
Printed in Spain

Si quiere recibir información periódica sobre las novedades de Alianza Editorial, envíe un correo electrónico a la dirección: alianzaeditorial@anaya.es

Índice

9 Presentación. Más allá de la ciudad. El derecho a la vida urbana, por Ion Martínez Lorea
19 Introducción. Lo urbano, más allá de la ciudad, por Manuel Delgado
26 Advertencia

28 1. Industrialización y urbanización: Primeras aproximaciones
63 2. La filosofía y la ciudad
75 3. Las ciencias fragmentarias y la realidad urbana
80 4. Filosofía de la ciudad e ideología urbanística
85 5. Especificidad de la ciudad: la ciudad y la obra
92 6. Continuidades y discontinuidades
102 7. Niveles de realidad y de análisis
113 8. Ciudad y campo
118 9. En las proximidades del punto crítico
136 10. Sobre la forma urbana
145 11. El análisis espectral
157 12. El derecho a la ciudad
178 13. ¿Perspectiva o prospectiva?
202 14. La realización de la filosofía
206 15. Tesis sobre la ciudad, lo urbano y el urbanismo

Presentación

Más allá de la ciudad. El derecho a la vida urbana

Ion Martínez Lorea[1]

> Sin embargo, el uso y el valor de uso resisten obstinadamente: irreductiblemente.
>
> Henri Lefebvre

Por doquier se leen y se escuchan hoy referencias, apelaciones y reivindicaciones al derecho a la ciudad. Como diría el propio Henri Lefebvre respecto al urbanismo, podemos afirmar que el derecho a la ciudad está de moda. Desde la calle y desde la academia, desde los colectivos vecinales y desde la política institucional, desde disciplinas como la sociología y la geografía hasta otras como la arquitectura o el propio derecho, se enarbola esta idea. El derecho a la ciudad aparece como título o eje central de textos especializados, artículos académico-políticos o de opinión,[2] es argu-

1. Profesor de Sociología, Dpto. de Ciencias Humanas, Universidad de La Rioja.

2. D. Mitchell, *The Right to the City*, Nueva York: The Guilford Press, 2003; E. Pareja *et. al.*, *El derecho a la ciudad, Serie de Derechos Humanos Emergentes*, Barcelona: IDHC, 2011; D. Harvey, «El derecho a la ciudad» en *NLR*, 53, 2008: 23-39; J. Borja, «Espacio público y derecho a la ciudad» en *Viento Sur*, 2011: 39-49; J. Subirats, «El derecho a la ciudad»,

mento de foros y encuentros globales (Conferencia de Naciones Unidas Habitat III, 2016), se ha establecido una Carta Mundial del Derecho a la Ciudad (2004) e, incluso, se ha incorporado a textos constitucionales (República de Ecuador, 2008). Por supuesto, este derecho se ha convertido en motivo de manifiestos y movilizaciones diversas a lo largo de los últimos años (blandido en la *toma de plazas* y en las luchas por la vivienda digna, contra la gentrificación o contra la privatización de la calle).

Esta feliz proliferación de reivindicaciones de la ciudad y del derecho a la ciudad nos conduce, sin embargo, a una necesaria pregunta que pretende prevenir del riesgo que acecha a los conceptos de moda: ¿a qué nos referimos cuando hablamos de derecho a la ciudad? Y es que, en no pocos casos, estos conceptos acaban significando muchas cosas y, por ende, acaban no significando nada, esto es, pierden su valor como conceptos. El reflejo de esto es que la misma expresión puede movilizar experiencias políticamente muy ambiciosas y, a su vez, utilizarse como una herramienta para la simple búsqueda de consensos en torno a un Gobierno o a una política local. Es decir, puede plantearse como una apuesta por democratizar la vida urbana y por apuntalar derechos concretos de los habitantes de las ciudades o como un simple recurso de legitimación

El País, 16 de noviembre de 2016. Asimismo, conviene señalar la fuerte influencia que ha tenido la profusión de trabajos académicos en el contexto anglosajón sobre Henri Lefebvre o sobre sus temas de referencia (precedida, claro eso, de las traducciones al inglés de sus textos) en su «redescubrimiento» tanto para el mundo francófono como para el mundo castellanohablante. En este último caso cabe destacar las publicaciones monográficas consagradas a la obra de Henri Lefebvre en países como México (*Veredas*, 2004) o España (*Urban*, 2011).

del Gobierno local de turno. En todo caso, la advertencia debe servir, precisamente, para prevenirnos de tales riesgos y, en ningún modo, para descartar una idea enormemente valiosa de cara a interpretar y transformar la realidad urbana presente.

Por ello, resulta fundamental rastrear los significados de este concepto, volviendo la mirada sobre lo dicho al respecto por Henri Lefebvre, por ser precisamente él quien lo acuñara y dotara de contenido en el año 1967.[3] Esto en ningún caso plantea la exigencia de «pasar por Lefebvre» a todo aquel que reivindique el derecho a la ciudad. No obstante, sí se considera necesario para quien quiera pensar y analizar la realidad social en estos términos. Y es desde tal perspectiva que se plantea esta reedición: a modo de lectura que permita retomar, si se permite la expresión, los «orígenes» de un concepto que, en realidad, se encuentran mucho más cerca del presente de lo que pudieran hacer pensar los cincuenta años transcurridos desde su publicación original.

En este sentido, viene a decir David Harvey[4] que resulta difícil pensar que las reivindicaciones y experiencias vinculadas al derecho a la ciudad durante las últimas dos décadas (desde Porto Alegre hasta Los Ángeles y Nueva York) tuvieran alguna ligazón de fondo con el legado inte-

3. Lefebvre cierra la edición francesa de este libro firmándolo en París en 1967 y recordando su coincidencia con el centenario de la publicación de *El Capital* de Marx. Si bien, el libro es publicado en marzo de 1968, por tanto, solo dos meses antes de que se precipitaran los acontecimientos del mayo francés. Como es sabido, Lefebvre jugó un papel relevante como animador del movimiento estudiantil.

4. D. Harvey, *Ciudades rebeldes*, Madrid: Akal, 2013.

lectual de Lefebvre. Harvey ve una analogía entre los movimientos y movilizaciones urbanas y el propio pensamiento de Lefebvre, lo cual ayudaría a explicar, según él, la distancia y la falta de vínculos entre ambos: los dos proceden y se nutren de las experiencias concretas de las calles y los barrios, de los malestares urbanos de cada momento y, por ende, las raíces de la reivindicación de este derecho contemporáneo no alcanzarían ni al París de los albores de mayo del 68, ni a la dimensión filosófico-sociológica desde los que escribía Lefebvre. En algunos casos esto ha podido ser cierto. Pero Harvey parece desdeñar su propia figura y la de otros pensadores y activistas «herederos», intérpretes y difusores de la obra lefebvriana que en ocasiones han inspirado y en otras asesorado a no pocas experiencias contemporáneas vinculadas a la reivindicación del derecho a la ciudad. Igualmente, parece obviarse la fuerte presencia (aunque no sea mayoritaria) de jóvenes con altos niveles educativos (e incluso insertos en el ámbito académico) en este tipo de experiencias, quienes, precisamente, hacen referencia explícita a los escritos de David Harvey y del propio Henri Lefebvre.

Así pues, más que la existencia o inexistencia de un vínculo, deberíamos hablar del tipo de vínculo que, sin duda, estaría presente entre Lefebvre y las reivindicaciones actuales del derecho a la ciudad. Cierto es que el mismo puede concretarse y reducirse a una frase célebre o a un título-eslogan. Pero, precisamente por ello, es importante volver a Lefebvre, para confirmar cuán vigente es hoy en día y cuán relevante puede ser para interpretar el trasfondo de malestares sobre los que se asienta la vida urbana y las posibilidades de transformación que esta engendra.

Por tanto, retomando al texto original de 1967 no estará de más calificarlo como una suerte de *manifiesto* que, en palabras del propio Lefebvre, se plantea «como una denuncia, como una exigencia» (p. 138). Los quince capítulos que componen la obra, de extensión y características muy diversas, dan muestra, una vez más, de la particularidad del pensamiento y la escritura de Lefebvre: no demasiado académicos ni sistemáticos; su lectura puede resultar por momentos un tanto árida debido a un vocabulario y una reflexión sinuosos. Aunque no aparecen explicitados así en el texto, podríamos dividir estos quince capítulos en tres ejes principales.[5] En primer lugar (capítulo 1), Lefebvre constata la desaparición de la ciudad tradicional y la emergencia de una realidad urbana, derivada de la industrialización, llena de imposiciones, pero también de posibilidades; en segundo lugar (capítulos 2 a 8), reclama la emergencia de una «ciencia de la ciudad» que trascienda los saberes fragmentarios y que incorpore nuevos conceptos; y, finalmente, en tercer lugar (capítulos 9 a 15), plantea la necesidad de una estrategia política que permita recuperar y reapropiarse de la centralidad urbana, de la vida urbana, de la ciudad como obra, lo que nos conduce a la pregunta actual sobre quién es el protagonista de llevar a efecto tal estrategia: ¿la clase obrera, como apuntara en este texto Lefebvre, o bien un sujeto más difuso y heterogéneo como el precariado, tal como insinúa Harvey? ¿Quizá otro?

No hay duda de que *El derecho a la ciudad* es una obra pionera en los estudios sobre *lo urbano* entendido como

5. Seguimos aquí el planteamiento de L. Costes, *Lire Henri Lefebvre. Le droit à la ville. Vers la sociologie de l'urbain*, París: Ellipses, 2009.

ámbito que trasciende la condición de la ciudad como objeto y superficie inerte y que, por tanto, incorpora *lo social* como eje básico de su análisis. Su valor científico no debe, en todo caso, obviar la centralidad de la política en la propuesta lefebvriana, tal como ha apuntado el sociólogo Jean-Pierre Garnier[6] cuestionando precisamente los múltiples ejercicios «escolásticos» que suelen desplegarse en torno a la obra de Lefebvre, e incluso, no sin razón, cuestionando la escasa concreción y cierta candidez de algunas de las propuestas del propio autor francés.

Ello no es óbice para poner sobre el tapete dos cuestiones básicas que, aun requiriendo de crítica, si pretenden seguirse de propuestas o concreciones prácticas, son necesarias para dar validez y centrar la cuestión del derecho a la ciudad en la sociedad contemporánea: por un lado, la participación en la toma de decisiones sobre la producción del espacio y, por otro lado, el propio uso de ese espacio. Recordemos una de esas frases que, aun habiendo padecido su conversión en eslogan exitoso, no ha perdido validez al condensar la idea clave de lo que supone el derecho en cuestión, siempre que no se considere una afirmación suficiente para explicar los acontecimientos que se tienen delante: «El derecho a la ciudad no puede concebirse como un simple derecho de visita o como un retorno a las ciudades tradicionales. Solo puede formularse como un derecho a la vida urbana, transformada, renovada» (p. 139). El pro-

6. J-P. Garnier, «El derecho a la ciudad desde Henri Lefebvre hasta David Harvey. Entre teorización y realización» en *Ciudades*, 15 (1) 2012: 217-255.

pio Lefebvre cuestiona los riesgos derivados del espejismo de una participación[7] o de unos usos del espacio que podemos definir como autocomplacientes o resignados[8] y que, en realidad, cambian poco o nada, cuando no las refuerza, las relaciones de poder existentes en el marco de la vida urbana. Pero ello, reiteramos, no puede hacernos dejar a un lado estas cuestiones, sino que, en todo caso, nos obliga a incidir y ahondar en su crítica. Y esta es la labor que se exige de quien desee tomar a Lefebvre y este texto en particular como referencia en sus propios análisis y en sus propias prácticas.

Del mismo modo, resulta fundamental tener en cuenta el contexto espacio-temporal, el dónde y el cuándo, para así poder «evaluar» la actualidad de Lefebvre. Evidentemente, él sitúa su pensamiento en un contexto social, político, económico y cultural concreto (la Francia de la segunda mitad del siglo XX), pero pronto se podrá comprobar en la lectura de *El derecho a la ciudad* que igual que existe cierta distan-

7. Respecto a la participación apunta: «Otro tema obsesivo es el de la *participación* vinculada a la integración. Pero no se trata de una simple obsesión. En la práctica, la ideología de la participación permite obtener al menor costo la aquiescencia de personas interesadas e implicadas. Después de un simulacro que más o menos impulsa la información y la actividad social, aquellas vuelven a su tranquila pasividad, a su retiro. ¿No está claro ya que la participación real y activa tiene un nombre? Ese nombre es *autogestión*. Lo cual plantea otros problemas» (p. 123).

8. Respecto a los usos del espacio señala: «Basta con abrir los ojos para comprender la vida cotidiana del individuo que corre desde su vivienda a la estación más cercana o más lejana o al metro abarrotado y, de ahí, a la oficina o a la fábrica, para por la noche retomar ese mismo camino y volver a su hogar a recuperar fuerzas para proseguir al día siguiente. A la imagen de esta miseria generalizada le acompañaría la escena de las "satisfacciones" que la oculta, convirtiéndose así en medios para eludirla y evadirse de ella» (p. 140).

cia en algunas cuestiones, se encontrará una intensa vinculación con muchas otras. Este sería, por ejemplo, el caso de la crítica a un urbanismo que pretende imponer una forma determinada para prescribir un contenido y unos usos concretos.

En este sentido, cabe recordar que Lefebvre desarrolla su análisis sobre la base de una profunda crítica al urbanismo funcionalista[9] y en el marco de lo que él denominaría *sociedad de consumo dirigido*, donde los núcleos urbanos se convierten en escenarios de y para el consumo (lugar de consumo y consumo de lugar, diría Lefebvre), es decir, donde la ciudad pasa a ser sustancialmente valor de cambio. Ese urbanismo diseña la ciudad (o cree diseñarla) segregando y jerarquizando usos, ahora funciones, y plasmando sobre el terreno la desigualdad social que reforzaba la expulsión de la clase obrera de la ciudad central hacia las periferias[10] y que generaba diversos tipos de guetos: residenciales (tanto para la clase obrera como para las clases aco-

9. Como es sabido, la figura más representativa del urbanismo funcionalista fue Le Corbusier. Fallecido en 1965, su estela siguió marcando el devenir del urbanismo de la época y, de hecho, Lefebvre lo toma como objeto de sus críticas en cuanto que enemigo declarado de la ciudad y de la vida urbana.

10. Bien es cierto que Lefebvre recuerda y destaca el acontecimiento de la Comuna de París de 1871 como breve «venganza histórica» que la clase obrera se cobra en forma de retorno al centro y de primera experiencia de un gobierno popular democrático. «Uno de los logros que dieron sentido a la Comuna de París (1871) fue el retorno por la fuerza al centro urbano de los obreros expulsados previamente a los arrabales, a la periferia. Eso supuso su reconquista de la ciudad, ese *bien* entre los bienes, ese *valor*, esa *obra* que les había sido arrebatada» (p. 37). Lefebvre dedicó un célebre texto a esta experiencia, incidiendo en la dimensión lúdica de la misma: *La proclamation de la Commune*, París: Gallimard, 1965.

modadas), creativos, pero también guetos del ocio, máxima expresión de la incorporación del territorio al valor de cambio.[11]

Lefebvre denunció la pretensión del urbanismo funcionalista por someter a la ciudad que el poder percibía como amenaza, como un espacio insano, sospechoso, incontrolable. El intento de ordenar tanto el espacio como las funciones y otros elementos urbanos a través de la fragmentación daba como resultado la muerte de la ciudad, la homogeneidad, la monotonía. Igual que entonces, hoy el horizonte no resulta en términos urbanos muy halagüeño. Ahora bien, el propio Lefebvre nos recuerda la existencia, aquí y ahora, de grietas, de intersticios, de lo que denominaba «lugares de lo posible», espacios y prácticas espaciales desde donde reivindicar y hacer efectivo el derecho a la ciudad o, mejor, el *derecho a la vida urbana*, pues ha de trascenderse la mirada nostálgica del reclamo de aquello que ya no existe (la ciudad tradicional) y ahondar en una centralidad renovada que permita restituir el valor de uso del espacio urbano (y no solo del centro urbano), el sentido de la obra, las posibilidades de lo bello, de lo lúdico, de la fiesta no disociada de la vida cotidiana, sino transformadora de ella, sin olvidar la complejidad, la simultaneidad y la conflictividad inherentes a un espacio urbano vivo, en definitiva, inherentes a la

11. Apunta a este respecto: «La naturaleza se incorpora al valor de cambio y a la mercancía; se compra y se vende. El ocio comercializado, industrializado, organizado institucionalmente, destruye esta "naturalidad" de la que nos ocupamos para manipularla y para traficar con ella. La "naturaleza" o lo que se pretende pasar por ella, lo que de ella sobrevive, se convierte en un gueto de ocio, en un lugar separado del goce y alejado de la "creatividad". Los urbanitas llevan lo urbano consigo, y ello incluso si no aportan la urbanidad» (p. 138).

vida urbana. Existen no pocos ejemplos de mayor o menor alcance en el ámbito municipal que, durante los últimos años, han mostrado las posibilidades de romper el aparentemente clausurado horizonte político urbano. Dichas experiencias, dentro y fuera de las instituciones, a través de usos efectivos del espacio y de reivindicaciones trasladadas a textos y regulaciones legales recuerdan así que el derecho a la vida urbana resulta una exigencia y una práctica inaplazable, aun cuando se confirme como insuficiente.

Introducción

Lo urbano, más allá de la ciudad

Manuel Delgado

Inútil intentar resumir la hondura y la amplitud tanto de la obra como de la experiencia vital de Henri Lefebvre, que acompañan un buen número de hitos del siglo XX y a veces los determinan: las vanguardias, de dadá a los situacionistas; la lucha contra el fascismo y el colonialismo; las relecturas disidentes de Marx; el diálogo crítico con el existencialismo y con los estructuralismos; las revueltas de finales de la década de 1960, como la de 1968 en París, el año y la ciudad que conocen la publicación de *El derecho a la ciudad*, el libro del que por fin aquí tenemos una nueva edición revisada, luego de décadas de ausencia de su primera publicación en castellano. Una desaparición esta que da testimonio del olvido que llegó a merecer una mirada lúcida sobre lo que estaba siendo la depredación capitalista de las ciudades y que anticipa lo que será la forma atroz que ha adoptado en su fase posindustrial.

La reparación de esa ausencia se antoja hoy más oportuna que nunca, cuando más pertinentes resultan los argumentos de este libro y del pensamiento urbano de Lefebvre en general, del que todavía nos quedan otros rescates pendientes: *De lo rural a lo urbano*, *Espacio y política*, *La revolución urbana*..., complementos de una crítica, central en *El derecho a la ciudad,* a ciencias y saberes que, presumiéndose asépticos e imparciales, asumen la tarea de generar y sistematizar la dimensión espacial de las relaciones de poder y de producción, afanosos por someter tanto los usos ordinarios o excepcionales de la ciudad –de la fiesta al motín–, como la riqueza de códigos que los organizan. El resultado de su labor son espacios falsos y falsificadores, aunque se disfracen tras lenguajes complejos que los hacen incuestionables. Son los espacios de los planificadores, de los administradores y los administrativos, y también de los doctrinarios de la ciudadanía y del civismo, siempre dispuestos a rebozar de bondad ética las políticas urbanísticas para hacerlas digeribles a sus víctimas, los urbanizados.

Lo que nos dice Lefebvre es que tras ese espacio maquetado de los planes y los proyectos no hay otra cosa que ideología, en el sentido marxista clásico, es decir, fantasma que fetichiza las relaciones sociales reales e impide su transformación futura. Es o quisiera ser espacio dominante, hegemonizar los espacios percibidos, practicados, vividos o soñados y doblegarlos a los intereses de quienes lo encargan. Es el espacio del poder, aunque ese poder aparezca como «organización del espacio», un espacio del que se elide o expulsa todo lo que se le opone, primero por la violencia inherente a iniciativas que se presentan como urbanísticas y, si esta no basta, mediante la violencia abierta. Y todo ello al servicio de la producción de territorios claros, etiquetados, homogéneos, seguros, obedientes..., colocados en el mercado a disposición de unas clases medias que sueñan con ese universo social tranquilo, previsible, desconflictivizado y sin sobresaltos que se diseña para ellas como mera ilusión, dado que está condenado a sufrir todo tipo de desmentidos y desgarros como consecuencia de su fragilidad ante los embates de esa misma verdad social sobre la que pugna inútilmente por imponerse.

En esta obra, Henri Lefebvre aborda cuestiones diversas, como la historia de la ciudad, la relación entre ciudad e industrialización y ciudad y campo, el contraste entre propiedad y apropiación, el disfraz que adopta lo inmobiliario como urbanístico..., y lo hace empleando un lenguaje complejo que, de pronto, registra estallidos claros y esclarecedores de brío. Pero de todo ese conjunto de reflexiones destaca la que fundamenta la distinción entre la ciudad y lo urbano. La ciudad no es lo urbano. La ciudad es una base práctico-sensible, una morfología, un dato presente e inmediato, algo que está ahí: una entidad espacial inicialmente discreta –es decir, un punto o mancha en el mapa–, a la que corresponde una infraestructura de mantenimiento, unas instituciones formales, una gestión funcionarial y técnica, unos datos demográficos, una sociedad definible... Lo urbano, en cambio, es otra cosa al mismo tiempo social y mental, que no requiere por fuerza constituirse como elemento tangible, puesto que podría existir como potencialidad, como conjunto de posibilidades.

La voluntad de los poderes por someter lo urbano –de la *polis* por someter la *urbs*– es del todo inútil. Lo urbano, nos dirá enseguida Lefebvre, «intenta que los mensajes, las órdenes, las presiones procedentes de altas instancias, se vuelvan contra ellas mismas. Intenta *apropiarse* del tiempo y el espacio, rompiendo con el dominio que estos establecen, apartándoles de su objetivo, cortocircuitándolos [...]. *Lo urbano* sería así, más o menos, obra de los ciudadanos en lugar de imponerse a ellos como un sistema» (p. 88). Lo urbano es esencia de ciudad, pero puede darse fuera de ella, porque cualquier lugar es bueno para que en él se desarrolle una sustancia social que acaso nació en las ciudades, pero que ahora expande por doquier su «fermento lleno de actividades sospechosas, de delincuencias», puesto que es «hogar de agitación». Es por ello que «[e]l poder estatal y los grandes intereses económicos difícilmente pueden concebir una estrategia mejor que la de devaluar, degradar y destruir la sociedad urbana» (p. 101).

Lo urbano es lo que se escapa a la fiscalización de poderes que no comprenden ni saben qué es. En efecto, lo propio de la tecnocracia urbanística es la voluntad de controlar la vida urbana real, que va pareja a su incompetencia crónica a la hora de entenderla. Considerándose a sí mismos gestores de un sistema, los expertos en materia urbana pretenden abarcar una totalidad a la que llaman *la ciudad* y ordenarla de acuerdo con una filosofía –el humanismo liberal– y una utopía, que es, como corresponde, una utopía tecnocrática. Su meta continúa siendo la de implantar como sea la sagrada trinidad del urbanismo moderno: legibilidad, visibilidad, inteligibilidad. En pos de ese objetivo creen los especialistas que pueden escapar de las constricciones que supeditan el espacio a las relaciones de producción capitalista. Buena fe no les falta, ya hacía notar Lefebvre, pero esa buena conciencia de quienes diseñan las ciudades agrava aún más su responsabilidad a la hora de suplantar esa vida urbana real, una vida que para ellos es un auténtico punto ciego, puesto que viven en ella, pretenden regularla e incluso vivir de ella, pero no la ven en cuanto que tal.

A pesar de los ataques que constantemente recibe lo urbano y que procuran desmoronarlo o al menos desactivarlo, sostiene Lefebvre, este persiste e incluso crece, puesto que se alimenta de lo que lo altera. Las relaciones sociales persisten y continúan ganando en complejidad y en intensidad, aunque sea a través de todo tipo de contradicciones, dislocaciones y traumas, a cargo de esos seres urbanos que no hacen otra cosa que desencadenar todo tipo de coincidencias, en el doble sentido de confluencias y de azares. Es posible que la ciudad esté o llegue a estar muerta, pero lo urbano sobrevivirá, aunque sea en «estado de actualidad dispersa y alienada, en un estado embrionario, virtual. Lo que la vista y el análisis perciben sobre el terreno puede pasar, en el mejor de los casos, por la sombra de un objeto futuro en la claridad de un sol amaneciendo» (p. 127). Un porvenir que el ser humano no «descubre ni en el cosmos, ni en la gente, ni en la producción, sino en la sociedad urbana» (p. 158). De hecho, «[l]a vida urbana todavía no ha comenzado» (p. 129).

Para asesinarla o impedir que nazca esa vida urbana –lo urbano como vida– trabajan los programadores de ciudades. Están convencidos de que su sabiduría es filosófica y su competencia funcional, pero saben o no quieren dar la impresión de saber de dónde proceden las representaciones a las que sirven, a qué lógicas y a qué estrategias obedecen desde su aparentemente inocente y limpia caja de herramientas. Están disuadidos de que el espacio que reciben el mandato de racionalizar está vacío y se equivocan, porque en el espacio urbano la nulidad de la acción solo puede ser aparente: en él siempre ocurre algo. De manera al tiempo ingenua y arrogante, piensan que el espacio urbano es algo que está ahí, esperándoles, disponible por completo para sus hazañas creativas. No reconocen, o hacen como si no reconociesen, que ellos mismos forman parte de las relaciones de producción, que acatan órdenes.

Ese subrayado de la cualidad urbana de la ciudad es importante, puesto que pone en guardia sobre las instrumentalizaciones de que es objeto no tanto este libro en sí como su título, convertido en lema por la retórica de las autoridades del «nuevo municipalismo» y todo tipo de ONG y movimientos sociales de lo que Jean-Pierre Garnier –acaso el heredero del Lefebvre más implacable– llama «ciudadanismo», que plantea el derecho a la ciudad como derecho a las prestaciones básicas en materia de bienestar: vivienda, confort, calidad ambiental, servicios, uso del espacio público y eso que se presenta como «participación», que no suele ser otra cosa que participación de los dominados en su propia dominación. En cambio, el derecho a la ciudad que reclamaba Lefebvre era eso y mucho más, un superderecho que no se puede encorsetar ni resumir en proclamaciones, normas o leyes destinadas a maquillar un capitalismo «orientado hacia las necesidades sociales». Recuperado en su sentido revolucionario, el derecho del que habla este libro es derecho «a la vida urbana, a la centralidad renovada, a los lugares de encuentros y de intercambios, a los ritmos de vida y empleos del tiempo que permiten el uso pleno y entero de estos momentos». Vida urbana que es revelación y realización del «reino del uso (del intercambio y del encuentro, liberados del valor de cambio)», que, liberados «del dominio de lo económico (del valor de cambio, del mercado y la mercancía) y se inscriben, por consiguiente, en la perspectiva de la revolución bajo la hegemonía de la clase obrera» (p. 165). Cierto que aquel proletariado aparece ahora exhausto y vencido, pero siempre habrá quienes estén en condiciones de asumir impulsos emancipadores, que no consistirán en vindicar el derecho a la ciudad, y menos en recibirlo como concesión, sino en imponerlo desposeyendo de la ciudad a sus poseedores.

La ciudad como producto parece triunfar, pero no ha conseguido derrotar definitivamente a la ciudad como obra. En un marco general hoy definido por todo tipo de procesos negativos de dispersión, de fragmentación, de segregación..., lo urbano se expresa en cuanto que exigencia contraria de reunión, de juego, de improvisación, de azar y, por supuesto, de lucha. Frente a quienes quieren ver convertida la ciudad en negocio y no dudan en emplear todo tipo de violencias para ello –de la urbanística a la policial–, lo urbano se conforma en apoteosis de un espacio-tiempo diferencial en que se despliega o podría desplegarse en cualquier momento la radicalidad misma de lo social como pasión, sede de todo tipo de deserciones y desafíos, marco e instante para el goce y la impaciencia.

Advertencia

Las grandes cosas hay que callarlas o hablar
de ellas con grandeza, es decir, con cinismo e inocencia [...].
Toda la belleza, toda la nobleza que hemos prestado
a las cosas reales o imaginarias, las reivindicaré
como propiedad y producto del hombre.

Friedrich Nietzsche

Este escrito tendrá una forma ofensiva, que para algunos resultará incluso agresiva. ¿Por qué?

Porque muy posiblemente cada lector tendrá en su mente un conjunto de ideas sistematizadas o en vías de sistematización. Cada lector, cabe imaginar, estará buscando, o habrá ya encontrado, un «sistema». El *Sistema* está de moda, tanto en el pensamiento como en la terminología y el lenguaje. Sin embargo, todo sistema tiende a *clausurar* la reflexión, a cerrar el horizonte.

Este escrito pretende romper los sistemas, y no para sustituirlos por otro sistema, sino para *abrir* el pensamiento y la acción hacia unas determinadas posibilidades, de las que mostraremos su horizonte y su ruta. El pensamiento que tiende a la apertura presenta batalla ante un modo de reflexión que tiende al formalismo.

El *Urbanismo* está de moda, casi tanto como el sistema. Las cuestiones y reflexiones urbanísticas trascienden los círculos de técnicos, especialistas e intelectuales que se quieren vanguardistas. A través de artículos periodísticos y escritos de alcances y pretensiones diversas, pasan al dominio público. Simultáneamente, el urbanismo se transforma en ideología y práctica. Y, sin embargo, las cuestiones relativas a la ciudad y a la realidad urbana no son del todo conocidas ni reconocidas. No han adquirido todavía en el nivel *político* la relevancia y el sentido que poseen en el nivel del *pensamiento* (la ideología) y en el de la *práctica* (mostraremos en estas páginas una estrategia urbana que está ya en funcionamiento y en acción). Este pequeño libro no se propone solamente pasar por el tamiz de la crítica las ideologías y las actividades que conciernen al urbanismo. Su objetivo consiste en introducir estos problemas en la conciencia y en los programas políticos.

Respecto a la situación teórica y práctica, a los problemas (la problemática) relativos a la ciudad así como a la realidad y a las posibilidades de la vida urbana, comenzaremos por adoptar lo que se ha dado en llamar una mirada en «perspectiva caballera».

1. Industrialización y urbanización: Primeras aproximaciones

Para presentar y exponer la «problemática urbana» se impone un punto de partida: el proceso de industrialización. Sin lugar a dudas, este proceso es el motor de las transformaciones de la sociedad desde hace siglo y medio. Distinguiendo entre *inductor* e *inducido*, podríamos situar como inductor al proceso de industrialización, y enumerar entre los inducidos a los problemas relativos al crecimiento y a la planificación, a las cuestiones que conciernen a la ciudad y al desarrollo de la realidad urbana, y, por último, a la importancia creciente del ocio y de las cuestiones referentes a la «cultura».

La industrialización caracteriza a la ciudad moderna. Ello no supone que irremediablemente debamos utilizar el término «sociedad industrial» cuando pretendamos definirla. No obstante, aunque la urbanización y la problemática de lo urbano figuren entre los efectos inducidos y no entre las causas o razones inductoras, las preocupaciones que estas palabras evocan se acentúan hasta tal punto que podríamos definir como *sociedad urbana* a la realidad social a nuestro alrededor. Esta definición reproduce un aspecto de importancia capital.

La industrialización nos ofrece, pues, el punto de partida de la reflexión sobre nuestra época. Y ello porque la ciudad preexiste a la industrialización. Observación en sí perogrullesca, pero cuyas implicaciones no han sido plenamente formuladas. Las más eminentes creaciones urbanas, las obras más «bellas» de la vida urbana («bellas», decimos, porque son obras más que productos), datan de épocas anteriores a la industrialización. Hubo, en efecto, una ciudad oriental vinculada al modo de producción asiático, una ciudad antigua (griega y romana), vinculada a la posesión de esclavos y, más tarde, una ciudad medieval en una posición compleja: inserta en relaciones feudales, pero en lucha contra el feudalismo de la tierra. La ciudad oriental y la ciudad antigua fueron esencialmente políticas; la ciudad medieval, sin perder el carácter político, fue principalmente comercial, artesana, bancaria. Supo integrar a los mercaderes, hasta entonces casi nómadas y relegados del seno de la ciudad.

Con los inicios de la industrialización, cuando nace el capitalismo competitivo, con la aparición de una burguesía específicamente industrial, la ciudad tiene ya una pujante realidad. En la Europa occidental, tras la casi desaparición de las ciudades antiguas a lo largo de la descomposición del mundo romano, la ciudad recupera su impulso. Los mercaderes, más o menos nómadas, eligieron para centro de sus actividades lo que subsistía de los antiguos núcleos urbanos.

Inversamente, puede suponerse que estos núcleos degradados cumplieron la función de aceleradores en lo que quedaba de economía de trueque, sostenida por mercaderes ambulantes. En detrimento de los señores feudales, las ciudades, a partir del creciente excedente de la agricultura, iban acumulando riquezas: objetos, tesoros, capitales virtuales. Nos encontramos, pues, en estos centros urbanos con una gran riqueza monetaria obtenida mediante la usura y el comercio. En ellos prospera el artesanado a través de una producción muy distinta de la agricultura. Las ciudades apoyan a las comunidades campesinas y a las franquicias de los campesinos, sin dudar en sacar provecho de ello. Son, en resumen, centros de vida social y política donde se acumulan no solo riquezas, sino también conocimiento, técnica y obras (obras de arte, monumentos). Este tipo de ciudad es en sí misma una *obra* y esta característica contrasta con la orientación irreversible a lo monetario, al comercio, al intercambio, a los *productos*. En efecto, la obra es valor de uso y el producto es valor de cambio. El uso de la ciudad, es decir, de las calles y plazas, los edificios y monumentos, es la fiesta que consume de modo improductivo riquezas enormes (en objetos y dinero), sin otra ventaja que el placer y el prestigio.

Realidad compleja, es decir, contradictoria. Las ciudades medievales en la época de su apogeo centralizan la riqueza; los principales mandatarios emplean improductivamente gran parte de estas riquezas en la ciudad que dominan. Al mismo tiempo, el capitalismo comercial y bancario ha convertido en *móvil* la riqueza y ha constituido circuitos de intercambio, redes que permiten la transferencia del dinero. Cuando está a punto de entrar en juego la industrialización con el predominio de una burguesía específica (los «empresarios»), la riqueza ha dejado de ser principalmente inmobiliaria. La producción agrícola no es dominante, como no lo es tampoco la propiedad de la tierra. Las tierras escapan a los señores feudales para pasar a manos de capitalistas urbanos enriquecidos por el comercio, la banca, la usura. A consecuencia de esto, la «sociedad» en su conjunto, que comprende la ciudad, el campo y las instituciones que reglamentan las relaciones entre ambos, tiende a constituirse en una *red de ciudades* (con una cierta división técnica, social y política del trabajo) comunicadas por carreteras, vías fluviales y marítimas, relaciones comerciales y bancarias. Cabe imaginar que la división del trabajo entre las ciudades no sería lo bastante pujante y consciente como para determinar vínculos estables y poner fin a rivalidades y competencias. No llegó por tanto a instaurarse un sistema urbano como tal. Sobre la base mencionada se erigió el Estado, poder centralizado. Una ciudad, causa y efecto de esta particular centralidad, la del poder, se impone sobre las otras: la capital.

Semejante proceso se desarrolla de modo muy distinto en Italia, Alemania, Francia y el país de Flandes, Inglaterra, España. La ciudad predomina, pero, sin embargo, no es ya, como en la Antigüedad, una ciudad-Estado. Podríamos distinguir, pues, tres dimensiones: sociedad, Estado y ciudad. En este sistema urbano, cada ciudad tiende a constituirse en sistema ensimismado, cerrado, completo. La ciudad conserva un carácter orgánico de comunidad que procede del pueblo y que se traduce en una organización corporativa. La vida comunitaria (que comporta asambleas generales y parciales) en nada impide las luchas de clases. Al contrario. Los violentos contrastes entre riqueza y pobreza, los conflictos entre poderosos y oprimidos, no impiden ni el apego de la ciudad ni la contribución activa a la belleza de la obra. En el contexto urbano, las luchas entre facciones, grupos y clases refuerzan el sentimiento de pertenencia. Los enfrentamientos políticos entre el *«minuto popolo»*, el *«popolo grasso»*, la aristocracia u oligarquía, tienen en la ciudad su terreno, su objeto. Estos grupos rivalizan en amor a su ciudad. Los que poseen riqueza y poder, por su parte, se sienten continuamente amenazados. Justifican su privilegio ante la comunidad mediante el suntuoso dispendio de sus fortunas: edificios, fundaciones, palacios, embellecimientos, fiestas. Conviene subrayar esta paradoja, este hecho histórico mal esclarecido: las sociedades muy opresivas fueron muy creadoras y muy ricas en obras. Más tarde, la producción de productos reemplazó a la producción de obras y de relaciones sociales vinculadas a estas obras, sobre todo en la ciudad. Cuando la explotación reemplaza a la opresión, la capacidad creadora desaparece. La noción misma de «creación» se paraliza o degenera, reduciéndose al «hacer» y a la «creatividad» (al «hágalo usted mismo», por ejemplo). Ello aporta argumentos para apuntalar esta tesis: *la ciudad y la realidad urbana son reveladoras de valor de uso. El valor de cambio, la generalización de la mercancía a través de la industrialización, tienden a destruir (subordinándolas) la ciudad y la realidad urbana*, refugios del valor de uso, gérmenes de un *predominio* virtual y de una revalorización del uso.

La acción de estos conflictos específicos se ejerce en el sistema urbano que pretendemos analizar: entre el valor de uso y el valor de cambio, entre la movilización de la riqueza (en dinero) y la inversión improductiva en la ciudad, entre la acumulación de capital y su derroche en fiestas, entre la extensión del territorio dominado y las exigencias de una férrea organización de este territorio que conforma la ciudad dominadora. Esta última se protege contra toda eventualidad mediante una organización corporativa, que paraliza las iniciativas del capitalismo bancario y comercial. La organización gremial no reglamenta solamente un oficio. Cada organización gremial entra en un sistema orgánico, el sistema gremial reglamenta la distribución de licencias y actividades en el espacio urbano (calle y barrios) y en el tiempo urbano (horarios, fiestas). Este conjunto tiende a establecerse como una estructura inmutable. Por ello, la industrialización supone la ruptura de este sistema urbano. La industrialización implica la desestructuración de las estructuras establecidas. Los historiadores (desde Marx) han puesto en evidencia el carácter estanco de los gremios. Queda quizá por demostrar la tendencia de todo el sistema urbano a una especie de cristalización y fijación. Allá donde este sistema se consolidó, hubo un retraso del capitalismo y de la industrialización: en Alemania, en Italia. Este retraso estuvo cargado de consecuencias.

Hay, pues, una cierta discontinuidad entre la naciente industria y sus condiciones históricas. No se trata ni de las mismas cosas ni de los mismos hombres. La extensión prodigiosa de los intercambios, de la economía monetaria, de la producción de mercancías, del «mundo de la mercancía» que resultaría de la industrialización, implica una radical mutación. El tránsito del capitalismo comercial y bancario, así como el de la producción artesanal a la producción industrial y al capitalismo competitivo, viene acompañado de una crisis gigantesca que ha sido bien estudiada por los historiadores, salvo quizás en lo relativo a la ciudad y al «sistema urbano».

La industria naciente tiende a asentarse fuera de las ciudades, lo cual no constituye, por lo demás, una ley absoluta: ninguna ley es completamente general y absoluta. Esta implantación de empresas industriales, en un principio esporádicas y dispersas, dependió de múltiples circunstancias locales, regionales y nacionales. Por ejemplo, la *imprenta,* al parecer, ha pasado de manera relativamente continua en el marco urbano, de un estadio artesanal a otro empresarial. Lo contrario ocurre con las actividades *textiles*, *minero-extractivas* y *metalúrgicas*. La industria naciente se instala cerca de las fuentes de energía (ríos, bosques, más tarde carbón), de los medios de transporte (ríos y canales, más tarde ferrocarriles), de las materias primas (minerales) y de las reservas de mano de obra (el artesanado campesino, los tejedores y herreros, proporciona una mano de obra ya cualificada).

Estas circunstancias permiten aún en la actualidad, en Francia, la existencia de numerosos centros textiles (valles normandos, valles de los Vosgos, etc.) que sobreviven a veces con dificultad. ¿Acaso no resulta notable que una parte de la metalurgia pesada esté establecida en el valle del Mosela, entre dos antiguas ciudades, Nancy y Metz, los únicos verdaderos centros urbanos de esta región industrial?

Las ciudades antiguas son, al mismo tiempo, mercados, fuentes de capital disponible, centros donde se gestionan estos capitales (bancos), residencias de los mandatarios económicos y políticos, reservas de mano de obra (es decir, los centros donde puede subsistir ese «ejército de reserva del proletariado», como dice Marx, que presiona sobre los salarios y permite el incremento de la plusvalía). Además, la ciudad, como el taller, favorece la concentración de los medios de producción (útiles, materias primas, mano de obra) sobre un limitado espacio.

Si la implantación de la industria fuera de las ciudades no resultara satisfactoria para los «empresarios», estos siempre que les fuera factible se acercarían a los centros urbanos. Inversamente, la ciudad anterior a la industrialización acelera el proceso, sobre todo en cuanto lo permite el rápido incremento de la productividad. La ciudad ha desempeñado, pues, un importante papel en el *take-off* (Rostow), es decir, en el despegue de la industria. Las concentraciones urbanas han acompañado a las concentraciones de capitales en el sentido de Marx. A partir de entonces, la industria produciría sus propios centros urbanos, es decir, ciudades y aglomeraciones industriales que pueden ser pequeñas (Le Creusot), medianas (Saint-Étienne) y, en ocasiones, gigantescas (el Ruhr, considerado ya una «conurbación»). Interesaría prestar mayor atención al deterioro tanto de la centralidad como del carácter urbano de estas ciudades.

El proceso se ofrece ahora al análisis en toda su complejidad, complejidad que el término «industrialización» apenas revela. Esta complejidad se manifiesta si dejamos de pensar, por una parte, desde las categorías de la *empresa* y, por otra, desde las cifras globales de la producción (tantas toneladas de carbón, de acero), es decir, en cuanto la reflexión distingue al *inductor* de lo *inducido*, al observar la importancia de los fenómenos inducidos y su interacción con los inductores.

La industria puede prescindir de la ciudad antigua (preindustrial, precapitalista), pero, para ello, debe conformar aglomeraciones en las que el carácter urbano se deteriora. ¿No es quizá este el caso de Estados Unidos y América del Norte, donde las «ciudades» en el sentido que se da a esta palabra en Francia y Europa son poco numerosas: Nueva York, Montreal, San Francisco? Sin embargo, allí donde preexiste una red de antiguas ciudades, la industria la toma al asalto. Se apodera de esa red y la remodela de acuerdo a sus necesidades. Asimismo, ataca a la ciudad (a cada ciudad), la combate, la toma, la arrasa. Adueñándose de los antiguos núcleos, tiende a romperla. Ello no impide la extensión del fenómeno urbano: ciudades y aglomeraciones, núcleos obreros, barrios suburbanos (con el apéndice de chabolas allá donde la industrialización no alcanza a ocupar y fijar la mano de obra disponible).

Nos encontramos así ante un *doble proceso* o, si se prefiere, ante un proceso con dos dimensiones: industrialización y urbanización, crecimiento y desarrollo, producción económica y vida social. Las dos «dimensiones» de este proceso son inseparables y conforman una unidad, pero, sin embargo, el proceso no deja de ser conflictivo. Históricamente, entre la realidad urbana y la realidad industrial hay un violento choque. El proceso adquiere, por su parte, una complejidad difícil de captar ya que la industrialización no solo produce empresas (obreros y jefes de empresa), sino también *oficinas* diversas, centros bancarios y financieros, técnicos y políticos.

Este proceso dialéctico dista de resultar evidente y, paralelamente, dista de haber concluido. Todavía hoy provoca situaciones «problemáticas». Aquí nos contentamos con citar algunos ejemplos. En Venecia, la población activa abandona la ciudad y se traslada sobre el continente a la aglomeración industrial (Mestre), doblándola en tamaño. Esta «ciudad entre ciudades», una de las más hermosas que la época preindustrial nos ha legado, está amenazada no tanto por el deterioro material (debido al mar o al hundimiento del terreno) cuanto por el éxodo de sus habitantes. En Atenas, una industrialización relativamente considerable ha atraído a la capital a los habitantes de ciudades pequeñas, a los campesinos. La Atenas moderna no tiene nada en común con la ciudad antigua (arrollada, absorbida), desmesuradamente extendida. Los monumentos y lugares (ágora, acrópolis) que permiten reencontrar la ciudad antigua solo representan ya un lugar de peregrinación estética y consumo turístico. Y, sin embargo, el núcleo organizativo de la ciudad continúa siendo muy poderoso. Su periferia de nuevos barrios, semichabolas y poblados de personas desarraigadas, le confiere un poder exorbitante. La gigantesca aglomeración casi informe permite a quienes ocupan los centros de decisión las peores empresas políticas, sobre todo porque la economía de este país depende estrechamente de este circuito: especulación inmobiliaria, «creación» de capitales por este sistema, inversión de estos capitales en la construcción, y así sucesivamente. Es este un circuito frágil que en cualquier instante puede romperse y que define un *tipo* de urbanización sin industrialización, o con débil industrialización, pero con una rápida extensión de la aglomeración y la especulación sobre los terrenos y los inmuebles. El circuito mantiene, así, una prosperidad ficticia.

En Francia, podríamos citar numerosas ciudades que recientemente han sido absorbidas por la industrialización: Grenoble, Dunkerque, etc. En otros ejemplos se da una masiva extensión de la ciudad y la urbanización (en el sentido amplio del término) combinada con una escasa industrialización. Ese sería el caso de Toulouse. Ese es el caso general de las ciudades de América del Sur y África, circundadas por un entorno de chabolas. En estas regiones y países, las antiguas estructuras agrarias se disuelven y los campesinos desposeídos o arruinados huyen a las ciudades en busca de trabajo y subsistencia. Estos campesinos proceden de sistemas de explotación destinados a desaparecer por el juego de subidas y bajadas de los precios mundiales, lo que depende estrechamente de los países y «polos de crecimiento» industriales. Estos fenómenos dependen a su vez de la industrialización.

En la actualidad, vemos que se agudiza un proceso inducido que cabría denominar «implosión-explosión» de la ciudad. El fenómeno urbano cubre una gran parte del territorio en los grandes países industriales. Atraviesa sin dificultad las fronteras nacionales: la Megalópolis de la Europa del Norte se extiende desde el Ruhr hasta el mar, e incluso hasta las ciudades inglesas y desde la región parisina a los países escandinavos. Este territorio se inserta en un *tejido urbano* cada vez más tupido, aunque no faltan diferencias locales ni un considerable grado de división (técnica y social) del trabajo en las regiones, aglomeraciones y ciudades. Al mismo tiempo, dentro de esta red, e incluso fuera, las concentraciones urbanas se hacen gigantescas; la población aumenta exponencialmente, alcanzando densidades inquietantes (por unidad de superficie o de vivienda). Al mismo tiempo, también, muchos núcleos urbanos antiguos se deterioran, estallan. Los habitantes se desplazan hacia lejanas periferias residenciales o productivas. En los centros urbanos, las oficinas reemplazan a las viviendas. A veces (en Estados Unidos) estos centros son abandonados a los «pobres», y pasan a convertirse en guetos para los desafortunados. Por el contrario, las personas mejor situadas socialmente conservan sus propiedades en el corazón de la ciudad (alrededor de Central Park, en Nueva York; en el Marais, en París).

Examinemos ahora el *tejido urbano*. Esta metáfora no es lo bastante clara. Más que un tejido desplegado sobre el territorio, esta expresión designa una cierta proliferación biológica y una especie de redes desiguales que dejan fuera a sectores más o menos extensos: aldeas o pueblos, regiones enteras. Si estudiamos este fenómeno a partir de la perspectiva del campo y de las antiguas estructuras agrarias, podremos analizar un movimiento general de concentración: de la población (en los burgos y en las pequeñas o grandes ciudades), de la propiedad y de la explotación, de la organización de transportes e intercambios comerciales, etc. Ello aboca a un tiempo al despoblamiento y a la pérdida de lo característicamente campesino de los pueblos, que continúan siendo rurales, perdiendo lo que constituyó la antigua vida campesina: el artesanado, el pequeño comercio local. Los antiguos «modos de vida» se pierden en el folklore. Si analizamos el fenómeno a partir de las ciudades, se observa la expansión no solo de periferias densamente pobladas, sino de redes (bancarias, comerciales e industriales) y otros lugares de viviendas (residencias secundarias, espacios y lugares de ocio, etc.).

El *tejido urbano* puede distinguirse utilizando el concepto de *ecosistema*, unidad coherente constituida alrededor de una o varias ciudades, antiguas o recientes. Pero esta descripción corre el riesgo de dejar a un lado lo esencial. En efecto, el interés del *tejido urbano* no se limita a su morfología. Es el armazón de una «manera de vivir» más o menos intensa o degradada: *la sociedad urbana*. Sobre la base económica del *tejido urbano* aparecen fenómenos de otro orden, de otro nivel: el de la vida social y «cultural». La sociedad y la vida urbana, inscritas en el *tejido urbano*, penetran en el campo. Semejante manera de vivir se vincula a determinados sistemas de fines y sistemas de valores. Los elementos más conocidos del «sistema urbano de fines» son el agua, la electricidad, el gas (butano en el campo), acompañados del coche, la televisión, los utensilios de plástico, el mobiliario «moderno». Todo ello implica nuevas exigencias en relación a los «servicios». Entre los elementos del «sistema de valores» citaremos el ocio a la manera urbana (bailes, canciones), las costumbres, la adopción rápida de las modas. Pero también las preocupaciones por la seguridad, las exigencias de previsión relativas al porvenir. En resumen, hablamos de una determinada racionalidad que rige la ciudad. Generalmente, la juventud, como grupo de edad, contribuye activamente a esta rápida asimilación de cosas y representaciones venidas de la ciudad. Trivialidades sociológicas, si se quiere, pero que conviene recordar para mostrar sus implicaciones. Entre las redes del tejido urbano, persisten islotes e islas de *ruralidad* «pura», territorios a menudo pobres (no siempre) habitados por campesinos de edad avanzada, «mal adaptados», despojados de todo lo que constituyó la nobleza de la vida campesina en las épocas de la más grande miseria y opresión. La relación «urbanidad-ruralidad» no desaparece, sino que, por el contrario, se intensifica. Ello ocurre incluso en los países más industrializados. Esta relación interfiere en otras representaciones y relaciones reales: ciudad y campo, naturaleza y contingencia, etc. Aquí y allá las tensiones se convierten en conflicto y los conflictos latentes se agudizan. Aparece entonces a plena luz lo que se ocultaba bajo el *tejido urbano*.

Por otra parte, los núcleos urbanos, bien sea roídos por el tejido invasor o bien integrados en su trama, no desaparecen, sino que resisten transformándose. Continúan siendo centros de intensa vida urbana (en París, el Barrio Latino). Las cualidades estéticas de estos núcleos antiguos desempeñan un importante papel en su mantenimiento. No solamente contienen monumentos, sedes de instituciones, sino también espacios adecuados para fiestas, desfiles, paseos, esparcimiento. El núcleo urbano pasa a ser así producto de consumo de alta calidad para los extranjeros, turistas, gentes venidas de la periferia y residentes de los suburbios. Sobrevive gracias a esta doble función: lugar de consumo y consumo de lugar. De este modo, los antiguos centros se incorporan a las dinámicas del intercambio y del valor de cambio sin perder valor de uso en espacios reservados a actividades específicas. Pasan a ser centros de consumo. El resurgimiento arquitectónico y urbanístico del *centro comercial* solo da una versión lánguida y mutilada de lo que fue el núcleo de la ciudad antigua, que era a la vez centro comercial, religioso, intelectual, político y económico (productivo). La noción y la imagen del centro comercial se remontan, en realidad, a la Edad Media. El centro comercial se corresponde con la pequeña y mediana ciudad medieval. Pero hoy el valor de cambio se impone hasta tal punto sobre el uso y el valor de uso que poco a poco suprime este último. Esta noción no tiene, pues, nada de original. La creación que corresponde a nuestra época, a sus tendencias, a su horizonte (amenazador) ¿es otra cosa que *un centro de decisiones*? Este centro, que reúne la formación y la información, las capacidades de organización y de decisiones institucionales, aparece como proyecto en vías de realización de una nueva centralidad, la del *poder*. Conviene que concedamos la mayor atención a este concepto, y a la práctica que denota y justifica.

Nos encontramos en realidad ante al menos tres términos que se articulan conflictivamente, definibles por la oposición de unos frente a otros, pero sin quedar reducidos a estas oposiciones. Tenemos la «ruralidad» y la «urbanidad» (la sociedad urbana). Tenemos el «tejido urbano», conductor de esta urbanidad, y la «centralidad» antigua, renovada o nueva. Surge aquí una inquietante problemática, sobre todo cuando se pretende pasar del análisis a la síntesis, de las experiencias al proyecto (a lo «normativo»). ¿Es preciso (pero... ¿qué significa este término?) dejar proliferar espontáneamente al tejido urbano? ¿Conviene capturar esta fuerza, orientar esta vida extraña, salvaje y ficticia a la vez? ¿Cómo fortificar los centros? ¿Es útil? ¿Es necesario? Y ¿qué centros, qué centralidad? ¿Qué hacer finalmente con las islas de ruralidad?

De este modo, a través de los problemas bien diferenciados y de la problemática de conjunto, se vislumbra la *crisis de la ciudad*. Crisis teórica y práctica. En la teoría, la *noción de ciudad* (de realidad urbana) se compone de hechos, de representaciones e imágenes que remiten a la ciudad antigua (preindustrial, precapitalista), pero que se encuentran en proceso de transformación, de reelaboración. En la práctica, el *núcleo urbano* (parte esencial de la imagen y la noción de la ciudad) se resquebraja, y, sin embargo, se mantiene; desbordado, a menudo deteriorado, a veces en descomposición, el núcleo urbano no desaparece. Si alguien proclama su fin y su incorporación definitiva al tejido urbano, defenderá un postulado y una afirmación sin pruebas. Asimismo, si alguien proclama la urgencia de una restitución o reconstitución de los núcleos urbanos, continuará manteniendo un postulado y una afirmación sin pruebas. El núcleo urbano no ha dado paso a una «realidad» nueva y bien definida, del mismo modo que la aldea dio lugar a la ciudad. Sin embargo, su reino parece finito. A menos que se afirme, con más fuerza aún, como centro de poder...

Hasta ahora hemos mostrado el asalto de la industrialización a la ciudad, y hemos esbozado un cuadro dramático de este proceso, considerado globalmente. Esta tentativa de análisis podría hacernos creer que nos encontramos ante un proceso natural, sin intenciones, sin voluntades, pero, aunque algo hay de esto, una visión así sería totalmente limitada. En un proceso semejante, intervienen activamente, voluntariamente, clases o fracciones de clases dirigentes que poseen el capital (los medios de producción) y controlan no solamente el empleo económico del capital y las inversiones productivas, sino la sociedad entera; mediante el empleo de una parte de las riquezas producidas en «la cultura», el arte, el conocimiento y la ideología. Al lado de los grupos sociales dominantes (clases o fracciones de clases), o mejor aún, frente a estos, está la clase obrera: el proletariado, el cual también se encuentra dividido en estratos, en grupos parciales, en tendencias diversas según las ramas de industria, las tradiciones locales y nacionales.

A mediados del siglo XIX, la situación en París es aproximadamente la siguiente: la burguesía dirigente, clase no homogénea, ha conquistado la capital con gran esfuerzo.

Testimonio de ello sigue siendo hoy en día el Marais: barrio aristocrático antes de la revolución (pese a la tendencia de la capital y de la gente rica a derivar hacia el oeste), barrio de jardines y residencias particulares. El Tercer Estado, en algunas decenas de años, durante el periodo balzaquiano se apodera del barrio; un cierto número de magníficas residencias desaparecen, otras son ocupadas por talleres, tiendas, los parques y jardines son reemplazados por edificios de viviendas, comercios y almacenes, y empresas. La fealdad burguesa, la avidez por obtener ventajas visibles y legibles en las calles sustituyen poco tiempo después a la belleza y el lujo aristocrático. Sobre los muros del Marais pueden leerse la lucha de clases y el odio entre clases, la mezquindad victoriosa. Sería imposible hacer más perceptible esta paradoja de la historia, que en parte escapa a Marx. La burguesía «progresista», protagonista del crecimiento económico, dotada de instrumentos ideológicos aptos para este crecimiento racional (que le va a permitir avanzar hacia la democracia y reemplazar la opresión por la explotación), no puede ser considerada ya como una «clase creadora»: ahora reemplaza la obra por el producto. Quienes conservan el sentido de la obra, como novelistas y pintores, se consideran y se sienten «no burgueses». En lo que respecta a los opresores, a los amos de las sociedades anteriores a la democracia burguesa –príncipes, reyes, señores y emperadores–, ellos sí tuvieron el sentido de gusto por la *obra*, en particular en el campo arquitectónico y urbanístico. La obra responde más al valor de uso que al valor de cambio.

Después de 1848 la burguesía francesa, sólidamente asentada en la ciudad de París, posee allí sus recursos para actuar, los bancos estatales y no solamente propiedades residenciales. Ahora bien, la burguesía se siente amenazada por la clase obrera. Los campesinos acuden, se instalan alrededor de las «barreras», de las puertas de la ciudad, en la periferia más inmediata. Antiguos obreros en oficios de artesanos y nuevos proletarios penetran hasta el corazón de la ciudad, habitan en alojamientos mínimos, pero también en edificios de viviendas (los pisos inferiores son ocupados por gente de posición holgada, y los superiores por obreros). En este «desorden», los obreros recién llegados amenazan a aquellos residentes ya instalados. Esta amenaza se evidenció en las jornadas de junio de 1848 y será confirmada posteriormente por la Comuna. Se elabora así una *estrategia de clase* que apunta a la remodelación de la ciudad, prescindiendo de su realidad, de su vida propia. La vida de París adquiere su mayor intensidad entre 1848 y Haussmann: no la «vida parisina», sino la vida urbana de la capital. Es entonces cuando la ciudad entra en la literatura, en la poesía, con una pujanza y unas dimensiones gigantescas. Si bien luego eso terminará. En todo caso, la vida urbana supone encuentros, confrontación de diferencias, conocimiento y reconocimiento recíprocos (incluidos en el enfrentamiento ideológico y político), maneras de vivir, *modelos* que coexisten en la ciudad. A lo largo del siglo XIX, la democracia de origen campesino cuya ideología animó a los revolucionarios hubiera podido transformarse en democracia urbana. Este fue, de hecho, y continúa siendo para la historia, uno de los sentidos que movió a la Comuna. Pero la democracia urbana amenazaba los privilegios de la nueva clase dominante, por lo que esta impidió su nacimiento. ¿De qué manera? Expulsando del centro urbano y de la ciudad misma al proletariado, destruyendo la «urbanidad».

Primer acto. El barón Haussmann, hombre del Estado bonapartista que se erige sobre la sociedad para tratarla cínicamente como botín (y no solamente como objeto de las luchas por el poder), reemplaza las calles tortuosas (pero vitales) por largas avenidas y reemplaza los barrios sórdidos (pero animados) por barrios aburguesados. Si abre bulevares, si modela espacios vacíos, no lo hace por la belleza de las perspectivas, sino para «cubrir París con las ametralladoras» (Benjamin Péret). El célebre barón no disimula sus intenciones. Más tarde, se agradecerá a Haussmann el haber abierto París a la circulación. Pero no eran estos los fines y objetivos del «urbanismo» haussmanniano. Los espacios libres tienen un sentido: proclaman a voz en grito la gloria y el poderío del Estado que los modela, la violencia que en ellos puede esperarse. Más tarde, interviene con otra finalidad que justifica de una manera distinta los ajustes en la vida urbana. Debe advertirse que Haussmann no ha alcanzado su objetivo. Uno de los logros que dieron sentido a la Comuna de París (1871) fue el retorno por la fuerza al centro urbano de los obreros expulsados previamente a los arrabales, a la periferia. Eso supuso su reconquista de la ciudad, ese *bien* entre los bienes, ese *valor*, esa *obra* que les había sido arrebatada.

Segundo acto. El objetivo estratégico sería alcanzado por una maniobra mucho más extensa y con resultados aún más importantes. En la segunda mitad del siglo, encontramos personas influyentes, es decir ricos o poderosos (o ambos a un tiempo), unas veces ideólogos (como Le Play) de concepciones muy marcadas por la religión (católica o protestante), otras veces hábiles hombres políticos (pertenecientes al centro-derecha) que no constituyen, por lo demás, un grupo único y coherente. Nos referimos, en resumen, a notables que descubren una nueva noción: el *hábitat*. Su éxito, es decir, su realización sobre el terreno, se produciría en el contexto de la III República. Hasta entonces «habitar» era participar en una vida social, en una comunidad, pueblo o ciudad. La vida urbana manifestaba esta cualidad entre otras, este atributo. Permitía y favorecía habitar a los ciudadanos. De este modo, «los mortales habitan mientras salvan la tierra, mientras esperan a los dioses [...] mientras conducen su propio ser en la preservación y el consumo». Así habla del hecho de *habitar*, poéticamente, el filósofo Heidegger (*Essais et conférences*, pp. 177-178).[1] Las mismas cosas, fuera ya de la filosofía y de la poesía, han sido dichas sociológicamente (en el lenguaje de la prosa del mundo). A fines del siglo XIX, los notables aíslan una función urbana concreta, la separan del conjunto extremadamente complejo que la ciudad era y continúa siendo, para proyectarla sobre el terreno (sin por ello restar relevancia a la sociedad), y le facilitan una ideología, una práctica, dotándola de este modo de significado. Es cierto que los suburbios han sido creados bajo la presión de las circunstancias para responder al ciego impulso (aunque motivado y orientado) de la industrialización y, con él, a la llegada masiva a los centros urbanos de campesinos provenientes del «éxodo rural». Este proceso ha sido en buena medida orientado por una estrategia.

1. Edición en castellano: M. Heidegger, *Conferencias y artículos,* Barcelona: Ediciones del Serbal, 2015. Traducción de Eustaquio Barjau. *(N. del T.)*

Estrategia de clase típica, pero ¿significa esto una sucesión de actos concertados, planificados, con un solo objetivo? No. El carácter de clase resulta especialmente profundo, sobre todo porque varias acciones concertadas, aunque polarizadas sobre varios objetivos concretos, han convergido en un resultado final. Por descontado, no todos esos notables se proponían abrir una vía a la especulación. Algunos de ellos, hombres de buena voluntad, filántropos y humanistas, dan muestra incluso de desear lo contrario. Pero no por ello han frenado la movilización de la riqueza inmobiliaria en torno a la ciudad, su inserción en las dinámicas del intercambio y el valor de cambio, la restricción de suelo y alojamiento. Todo ello posee profundas implicaciones especulativas. No se proponían desmoralizar a la clase obrera, sino, por el contrario, moralizarla. Entendieron que sería beneficioso implicar a los obreros (individuos y familias) en una lógica jerárquica muy distinta de aquella que rige en la empresa: la de propiedades y propietarios, casas y barrios. Querían atribuirles otra función, otro estatuto, otros roles que aquellos vinculados a su condición de productores asalariados. De este modo, pretendían asignarles una vida cotidiana mejor que la del trabajo. Así, diseñaron a través del hábitat el acceso a la propiedad. Operación esta de extraordinario éxito, pese a que sus consecuencias políticas no siempre hubieran sido las que presumieran los promotores. Así sucede siempre que se alcanza un resultado, previsto o imprevisto, consciente o inconsciente. Ideológica y prácticamente, la sociedad se orienta hacia problemas distintos a los de la producción. La conciencia social poco a poco deja de tomar como punto de referencia la producción, para centrarse alrededor de la cotidianidad, del consumo. Con el desarrollo de los suburbios se anuncia un proceso que descentra la ciudad. El proletariado, apartado de la ciudad, terminará por perder el sentido de la obra. Alejado de los lugares de producción disponible, partiendo de una zona para actividades dispersas, el proletariado dejará que se atrofie en su conciencia la capacidad creadora. La conciencia urbana irá disipándose.

Con la creación del suburbio se inicia en Francia una orientación urbanística enemiga incondicional de la ciudad. Paradoja singular. Durante decenas de años, bajo la III República, aparecen textos autorizando y reglamentando las periferias de pequeñas viviendas unifamiliares para la clase obrera[2] y las parcelaciones. Alrededor de la ciudad se instala una periferia desurbanizada y, sin embargo, dependiente de esa ciudad. En efecto, los «residentes de las periferias», los habitantes de las pequeñas viviendas unifamiliares, no dejan de ser urbanos incluso si han perdido la conciencia de serlo y se creen vinculados antes a la naturaleza, al sol y a la vegetación. Para subrayar la paradoja, podría hablarse de urbanización desurbanizante y desurbanizada.

Precisamente debido a sus excesos, esta expansión suburbana acabará frenándose a sí misma. El movimiento por ella desencadenado arrastra a la burguesía y a los estratos acomodados que se instalan en suburbios residenciales. El centro de la ciudad se vacía en favor de la proliferación de oficinas. El conjunto de bloques de vivienda social avanza

2. Se ha optado por traducir al original francés *pavillon* como «pequeña vivienda unifamiliar de clase obrera». A lo largo del texto puede aparecer simplificado como «vivienda unifamiliar». *(N. del T.)*.

entonces a lo inextricable.[3] Pero el proceso aún no ha terminado.

Tercer acto. Después de la última guerra, todos advierten que la situación se modifica en función de la premura y las presiones generadas por las circunstancias: crecimiento demográfico, empuje de la industrialización, llegada de gentes de provincias a París. La crisis de alojamiento, confesada y reconocida, evoluciona hacia la catástrofe, con el riesgo de agravar una situación política todavía inestable. Las «emergencias» desbordan las iniciativas del capitalismo y de la empresa «privada», que, por lo demás, no se interesan por la construcción, la cual consideran escasamente rentable. El Estado no puede ya contentarse con reglamentar las parcelaciones y la construcción de las pequeñas viviendas unifamiliares y con combatir (mal) la especulación inmobiliaria. A través de organismos interpuestos, asume él mismo la construcción de alojamientos. Se inicia así el periodo de los «nuevos conjuntos» y de las «nuevas ciudades».

Podría decirse que la función pública asume lo que hasta entonces se desarrollaba desde la economía de mercado. Sin duda, pero no por ello, el alojamiento se convierte en un servicio público. El derecho al alojamiento aflora, por así decir, desde una conciencia social. Se visibiliza en la indignación que los casos más dramáticos destapan y en los descontentos que la crisis engendra. Sin embargo, no hay un reconocimiento formal y práctico. Por el contrario, este

3. Traducidos como «conjuntos» y «grandes conjuntos», en el original francés *ensembles* y *grands ensembles* hacen referencia a los desarrollos urbanísticos de viviendas sociales que se producen en las periferias de las ciudades francesas entre las décadas de 1950 y 1970. *(N. del T.).*

reconocimiento se produce como un mero apéndice de los «derechos del hombre». El tipo de construcción que el Estado ha asumido no transforma las orientaciones marcadas desde la economía de mercado. Como Engels anticipara, la cuestión del alojamiento, incluso agravada, políticamente solo ha desempeñado un papel secundario. Los grupos y partidos de izquierda se han limitado a reclamar «más alojamientos». Por otra parte, las iniciativas de los organismos públicos y semipúblicos no han sido guiadas por una concepción urbanística, sino, simplemente, por el propósito de proporcionar el mayor número posible de alojamientos lo más rápidamente posible y al menor coste. Los nuevos conjuntos estarán marcados por su carácter funcional y abstracto. Hasta ese punto ha llevado la burocracia de Estado a su forma pura el concepto de *hábitat*.

Esta noción, la de hábitat, continuaba siendo «incierta». Los núcleos de pequeñas viviendas unifamiliares permitían variantes e interpretaciones particulares del hábitat. Una especie de plasticidad que daba pie a modificaciones y a apropiaciones. El espacio del unifamiliar –valla, jardín, rincones diversos y disponibles– ofrece al *habitarlo* un margen de iniciativa y libertad limitada pero real. En este sentido, la racionalidad estatal va hasta el extremo. Por su parte, en los nuevos conjuntos el hábitat se instaura en estado puro, como una suma de exigencias. Los grandes conjuntos suponen la realización de la noción de hábitat, como dirían algunos filósofos, excluyendo precisamente el habitar: la plasticidad del espacio, el modelamiento de este espacio, así como la apropiación por parte de los grupos e individuos de sus condiciones de existencia. De este modo, la cotidianidad debe cumplir con una serie de funciones, de prescripciones y de un empleo del tiempo rígido que se inscribe y se significa en este hábitat.

El hábitat de los núcleos de viviendas unifamiliares ha proliferado alrededor de París en los municipios suburbanos, extendiendo de manera desordenada el dominio edificado. Una sola ley rige este crecimiento urbano y no urbano a la vez: la especulación del suelo. Los intersticios dejados por este crecimiento sin vacíos han sido ocupados por los grandes conjuntos. A la especulación del suelo, mal combatida, se añadió la especulación de los pisos cuando estos eran objeto de copropiedad. De este modo, una vez desaparecidas las restricciones, se aseguraba la entrada del alojamiento en la lógica del valor de cambio, de la riqueza mobiliaria y del suelo urbano.

Si se define la realidad urbana por la dependencia respecto al centro, los núcleos periféricos son urbanos. Si se define el orden urbano por una relación perceptible (legible) entre centralidad y periferia, los núcleos periféricos están desurbanizados. Y se puede afirmar que «la concepción urbanística» de los grandes conjuntos se ha encarnado literalmente en la ciudad y en lo urbano con el fin de extirparlos. Toda la realidad urbana perceptible (legible) ha desaparecido: calles, plazas, monumentos, espacios significativos. Hasta el café (el *bistrot*) ha suscitado el resentimiento de los «residentes de los grandes conjuntos» y su gusto por el ascetismo, reduciendo el habitar al hábitat. Paradójicamente, ha sido necesario llegar hasta el final en la destrucción de la realidad urbana sensible para ver emerger la exigencia de una restitución. Ha sido entonces cuando tímida y lentamente hemos visto reaparecer el café, el centro comercial, la calle, los equipamientos llamados culturales..., en resumen, algunos elementos de la realidad urbana.

De este modo, el orden urbano se descompone en dos tiempos: el de las viviendas unifamiliares y el de los grandes conjuntos. Pero no hay sociedad sin orden, significado, perceptibilidad y legibilidad sobre el terreno. El desorden suburbano insinúa otro orden: una oposición entre estos dos ámbitos (pequeños unifamiliares y grandes conjuntos) que salta a la vista. Esta oposición tiende a constituir *un sistema de significaciones* urbano incluso en el marco de la desurbanización. Cada sector se define en y a través de la conciencia de los habitantes por su relación con el otro, por su oposición al otro. Los habitantes apenas tienen conciencia de un orden interno en su sector, pero los residentes de los grandes conjuntos se consideran y perciben como completamente ajenos al ámbito de las viviendas unifamiliares. Y viceversa. En el marco de esta oposición, las gentes de los grandes conjuntos se instalan en la *lógica del hábitat* y las gentes de las viviendas unifamiliares en el *imaginario del hábitat*. Los unos guardan la organización racional (en apariencia) del espacio. Los otros, la presencia del sueño, de la naturaleza, de la salud, al margen de la vida malsana y desagradable. Pero la lógica del habitar solo se percibe a través de su relación con el imaginario y el imaginario, a través de su relación con la lógica. Las personas se representan a sí mismas a través de aquello de lo que carecen o creen carecer. En esta relación, el imaginario ocupa una posición de fuerza y sobredetermina a la lógica: para los residentes de ambos sectores, el hecho de habitar se percibe tomando como referencia las viviendas unifamiliares. Y es que las gentes de estos pequeños unifamiliares añoran una lógica del espacio, mientras que la gente de los grandes conjuntos lamenta la ausencia de alegría existente en los unifamiliares. De ahí los sorprendentes resultados que arrojan las encuestas. Más del 80 por ciento de los franceses aspira a una vivienda unifamiliar y una considerable mayoría se declara «satisfecha» en los grandes conjuntos. Unos resultados que, en cualquier caso, aquí no interesan. Conviene tan solo subrayar que la *conciencia de la ciudad y de la realidad urbana* se atrofia tanto en unos como en otros casos, hasta su desaparición. La destrucción práctica y teórica (ideológica) de la ciudad no puede, por lo demás, evitar dejar un enorme vacío. Ello, sin contar con los problemas administrativos y otros de cada vez más difícil solución. Para el análisis crítico, el vacío importa menos que la situación conflictiva que caracteriza el fin de la ciudad y la extensión de la sociedad urbana, mutilada, deteriorada, pero real. Los suburbios son urbanos, en una morfología disociada, imperio de la separación y la escisión entre los elementos de lo que fue creado como unidad y simultaneidad.

Desde esta perspectiva, el análisis crítico puede distinguir tres periodos que no coinciden exactamente con la división antes esbozada del drama de la ciudad en tres actos:

Primer periodo. La industria y el proceso de industrialización asaltan y arrollan la realidad urbana preexistente, hasta destruirla mediante la práctica y la ideología, hasta extirparla de la realidad y de la conciencia. La industrialización, llevada según una estrategia de clase, actúa como potencia negativa de la realidad urbana: la economía industrial niega lo social urbano.

Segundo periodo (en parte yuxtapuesto con el primero). La urbanización se extiende. La sociedad urbana se generaliza. La realidad urbana se reconoce como realidad socioeconómica en y a través de su destrucción. Se descubre que la sociedad total corre el riesgo de descomponerse en ausencia de la ciudad y de la centralidad: supone la desaparición de un dispositivo esencial para la urbanización planificada de la producción y del consumo.

Tercer periodo. Se reencuentra o se reinventa (no sin que la práctica y el pensamiento sufran su destrucción) la realidad urbana. Se intenta restituir la centralidad. ¿Quiere esto decir que ha desaparecido una determinada estrategia de clase? No es así. Simplemente, se ha modificado. A las antiguas centralidades, a la descomposición de los centros, sustituye ahora el centro de decisión.

De este modo, nace o renace la reflexión urbanística, sucesora de un urbanismo sin reflexión. Los amos, antaño reyes y príncipes, no tuvieron necesidad de una teoría urbanista para embellecer sus calles. Bastaba con la presión que el pueblo ejercía sobre ellos, y también, con la presencia de una civilización y un estilo para que las riquezas procedentes del trabajo de este pueblo se invirtieran en obras. El periodo burgués pondría fin a esta tradición milenaria. Al mismo tiempo, este periodo aporta una *racionalidad* nueva diferente de la racionalidad elaborada por los filósofos desde Grecia.

La Razón filosófica proponía definiciones (discutibles pero sustentadas en razonamientos bien elaborados) del hombre, del mundo, de la historia y de la sociedad. Su generalización democrática dio lugar acto seguido a un racionalismo de opiniones y actitudes. Cada ciudadano tenía, o se presumía que tenía, una opinión razonada sobre cada hecho y cada problema que le concernían; esta sensatez rechazaba lo irracional; así, una razón superior debería surgir de la confrontación de ideas y opiniones, una sabiduría general fomentaba una voluntad general. Inútil insistir en las dificultades de este racionalismo clásico, ligadas a las dificultades políticas de la democracia y a las dificultades prácticas del humanismo. Durante el siglo XIX, y sobre todo durante el XX, la racionalidad adquiere su forma: organiza y opera sobre los diversos niveles de la realidad social. ¿Tiene su origen la racionalidad en la empresa y en la gestión de las unidades de producción? ¿Nace en el seno del Estado y la planificación? Lo importante es que constituye una *razón analítica* llevada a sus últimas consecuencias. Parte de un análisis metódico de los elementos, lo más sutil posible (de una operación productora, de una organización económica y social, de una estructura o una función). A continuación, subordina estos elementos a una finalidad. ¿De dónde procede esta finalidad? ¿Quién la formula? ¿Quién la estipula? ¿Cómo y por qué? Este es el fallo y la perdición de este racionalismo operativo. Los que lo sostienen pretenden deducir la finalidad del encadenamiento de las operaciones. Y, sin embargo, nada hay de eso. La finalidad, es decir, la totalidad y la orientación a la totalidad, se decide. Decir que proviene de las mismas operaciones supone encerrarse en un círculo vicioso: la división analítica aparece entonces como su propio objetivo, su propio sentido. La finalidad es objeto de decisión. Es una *estrategia*, justificada (más o menos) por una *ideología*. El racionalismo que pretende deducir de sus propios análisis el objetivo que estos análisis persiguen, es a su vez una ideología. La noción de *sistema* oculta la de *estrategia*. Ante el análisis crítico, el sistema se revela estrategia, se desvela como una decisión (finalidad decidida). Anteriormente, ya hemos mostrado cómo una *estrategia de clase* ha orientado el análisis y la división de la realidad urbana, su destrucción y su restitución, proyecciones sobre el terreno de la sociedad en que tales decisiones estratégicas se han tomado.

Sin embargo, desde el punto de vista del racionalismo mecanicista, el resultado sobre el terreno de los procesos examinados solo representa un caos. En esa «realidad» que observan de manera crítica –periferias, tejido urbano y núcleos subsistentes–, no reconocen estos racionalistas las condiciones de su propia existencia. Ante ellos aparecen solo contradicción y desorden. Tan solo la *razón dialéctica*, en efecto, puede dominar (por el pensamiento reflexivo, por la práctica) los procesos múltiples y, paradójicamente, contradictorios.

¿Cómo poner orden en esta confusión caótica? Es de este modo como el racionalismo de la organización plantea su problema. Este desorden no es normal. ¿Cómo instituirlo bajo el marchamo de la norma y la normalidad? Inconcebible. Este desorden es malsano. El médico de la sociedad moderna ve en sí al médico del espacio social enfermo. ¿Con qué finalidad? ¿Qué solución? La *coherencia*. El racionalismo instaurará o restaurará la coherencia en una realidad caótica a la que observa, ofreciendo asimismo sus servicios para regular su acción. Este racionalismo corre el riesgo de no advertir que la coherencia es una forma, y, por tanto, un medio más que un fin y que terminará por sistematizar la *lógica del hábitat*, subyacente al desorden e incoherencia aparentes y que va a tomar como punto de partida de sus actuaciones coherentes hacia la *coherencia* de lo *real*. De hecho, no hay una línea única o unitaria en la reflexión urbana, sino varias tendencias vinculadas de distinto modo al racionalismo operacional. Unas se posicionan en contra del racionalismo y otras a favor, llevándolo a sus formulaciones extremas. Ello va a influir en quienes se ocupan del urbanismo: no comprenderán más que lo que pueden traducir en términos de operaciones gráficas, es decir, ver y sentir bajo la punta del lápiz, dibujar.

Se distinguirá, pues:

a. *El urbanismo de los hombres de buena voluntad (arquitectos, escritores).* Sus reflexiones y sus proyectos implican una cierta filosofía. Generalmente, están vinculados a un humanismo: al antiguo humanismo clásico y liberal. Ello no está exento, sin embargo, de la existencia de una buena dosis de nostalgia. Se quiere construir «a escala humana», para «los hombres». Estos humanistas se presentan a un tiempo como médicos de la sociedad y como creadores de relaciones sociales nuevas. Su ideología o, mejor aún, su idealismo, con frecuencia, proceden de modelos agrarios que su reflexión ha adoptado de manera irreflexiva: el pueblo, la comunidad, el barrio, el ciudadano, para el que construirán dotaciones como edificios cívicos, entre otros. Se pretende erigir edificios y ciudades «a escala humana», «a su medida», sin pensar que en el mundo moderno el «hombre» ha cambiado de escala y que la medida válida antaño (el pueblo, la ciudad) se transforma ahora en desmedida. En el mejor de los casos, esta tradición conduce a un formalismo (adopción de modelos que no tienen ni contenido ni sentido) o a un esteticismo (adopción de antiguos modelos por su belleza, que se arrojan como pasto para saciar el apetito de los consumidores).

b. *El urbanismo de los administradores vinculados al sector público (estatal).* Este urbanismo se cree científico. Se funda ya sea sobre una ciencia, ya sea sobre investigaciones que se pretenden sistemáticas (pluri- o multidisciplinarias). Este cientificismo que acompaña a las formas deliberadas del racionalismo operativo tiende a descuidar lo que llaman «factor humano». También él está dividido en tendencias. A veces, a través de una ciencia de este tipo, una técnica se impone, convirtiéndose en punto de partida; generalmente, se trata de una técnica de circulación, de comunicación. Se extrapola a partir de una ciencia, de un análisis fragmentario de la realidad considerada. Las informaciones o las comunicaciones son optimizadas en un modelo. Este urbanismo tecnocrático y sistematizado, con sus mitos y su ideología (a saber, la primacía de la técnica), no dudaría en arrasar lo que queda de la ciudad para dejar sitio a los automóviles, a las comunicaciones, a las informaciones ascendentes y descendentes. Los modelos elaborados solo pueden entrar en la práctica borrando de la existencia social las mismas ruinas de lo que la ciudad fue.

A veces, por el contrario, las informaciones y los conocimientos analíticos procedentes de diferentes ciencias son orientados hacia una finalidad estética. Pero se concibe menos una vida urbana a partir de informaciones sobre la sociedad que una centralidad urbana que disponga de informaciones facilitadas por las ciencias de la sociedad. Estos dos aspectos se confunden en la concepción de los centros de decisión, visión global esta en la que el urbanismo, ya unitario a su manera, aparece vinculado a una filosofía, a una concepción de la sociedad, a una estrategia política (es decir, a un sistema global y total).

c. *El urbanismo de los promotores*. Estos conciben y actúan para el mercado, con propósitos de lucro y sin disimulo. Lo nuevo y reciente es que ya no venden alojamientos o inmuebles, sino urbanismo. Con o sin ideología, el urbanismo se convierte en valor de cambio. El proyecto de los promotores se presenta con los alicientes de lugar y ocasión privilegiados: lugar de dicha en una vida cotidiana milagrosa y maravillosamente transformada. El imaginario del hábitat se inscribe en la lógica del hábitat y su unidad da una práctica social que no tiene necesidad de sistema. De ahí esos textos publicitarios ya famosos y que merecen pasar a la posteridad porque en ellos la publicidad se convierte en ideología. Parly 2[4] «engendra un nuevo arte de vivir», un «nuevo

4. Parly 2, situado al suroeste de París, representó una gran operación inmobiliaria a finales de la década de 1960, mediante la que se construyó

> estilo de vida». La cotidianidad parece un cuento de hadas. «Colgar el abrigo en el vestidor al entrar y, ya más ligera, hacer las compras después de haber dejado a los niños en la guardería del centro comercial, reunirse con las amigas, tomar algo juntas en la cafetería...». He aquí la imagen de la alegría de vivir. La sociedad de consumo se traduce en órdenes: orden de sus elementos sobre el terreno, orden de ser felices. Este es el marco, el decorado, el dispositivo de vuestra felicidad. Si no sabéis aprovechar la ocasión de aceptar la felicidad que se os ofrece para hacer vuestra felicidad, es porque... ¡Inútil insistir!

A través de las diversas tendencias se perfila una *estrategia global*, es decir, un sistema unitario y un urbanismo ya total. De este modo, la sociedad de consumo dirigido se concreta en la práctica y sobre el terreno. Construirán no solo centros comerciales, sino centros de consumo privilegiados: la ciudad renovada. El consumo contribuirá a imponer, haciéndola «legible», una ideología de la felicidad, mientras que el urbanismo contribuirá a imponer la alegría adaptada a su nueva misión. Este urbanismo programa la cotidianidad generadora de satisfacciones (sobre todo para las mujeres que aceptan y participan). El consumo programado y cibernético (previsto por los computadores) se convertirá en regla y norma para toda la sociedad. Otros edificarán los *centros de decisiones* que concentrarán los recursos de poder: información, formación, organización y operación. O,

un complejo residencial vinculado a uno de los primeros grandes centros comerciales de Francia con el mismo nombre. *(N. del T.)*.

también, represión (coacciones, entre ellas, la violencia) y persuasión (ideología, publicidad). En torno a estos centros, en orden disperso y de acuerdo con las normas y presiones previstas, se repartirán sobre el terreno las periferias, la urbanización desurbanizada. Todas las condiciones confluyen así, dando lugar a un dominio perfecto, a una refinada explotación de la gente a un tiempo como productores, como consumidores de productos y como consumidores de espacio.

La convergencia de estos proyectos arrastra los mayores peligros. Plantea *políticamente* el problema de la sociedad urbana. Es posible que de estos proyectos nazcan nuevas contradicciones que obstaculicen la convergencia. Si se constituyera una estrategia unitaria y esta tuviera éxito, nos encontraríamos quizá ante lo irreparable.

2. La filosofía y la ciudad

Después de ponernos en situación y de recurrir a la «perspectiva caballera», conviene ahora destacar determinados aspectos, determinados problemas. El punto de partida para retomar un análisis radicalmente crítico, para profundizar en la problemática urbana, debe ser la filosofía. Lo que, sin duda, sorprenderá a muchos. Sin embargo, ¿acaso no ha sido frecuente la referencia a la filosofía en las páginas precedentes? No se trata de hablar de una *filosofía de la ciudad*, sino, por el contrario, de refutar semejante propuesta, devolviendo al conjunto de las filosofías a su lugar en la historia. Nuestro propósito, por tanto, consiste en presentar un *proyecto* de síntesis y totalidad que la filosofía por sí misma no puede realizar. Tras esto deberá realizarse un examen de *lo analítico*, es decir, de aquello que las ciencias fragmentarias deciden mostrar y ocultar respecto de la realidad urbana. Rechazando proposiciones de síntesis basadas en los resultados de estas ciencias especializadas, particulares y fragmentarias, estaremos en condiciones de plantear mejor –en términos *políticos*– el problema de la síntesis. A lo largo de este recorrido volveremos a encontrar características ya antes señaladas, problemas previamente formulados y que reaparecerán con mucha mayor claridad. Chocaremos así en toda su crudeza con la oposición entre el *valor de uso* (la ciudad y la vida urbana, el tiempo urbano) y el *valor de cambio* (los espacios comprados y vendidos, el consumo de productos, bienes, lugares y signos).

Para la reflexión filosófica que buscaba la totalidad mediante una sistematización especulativa, es decir, para la filosofía clásica desde Platón a Hegel, la ciudad fue mucho más que un tema secundario, mucho más que un objeto entre otros. Los vínculos establecidos entre el pensamiento filosófico y la vida urbana aparecen de una forma clara ante el pensamiento, sin que por ello desaparezca la necesidad de explicitarlos. Para los filósofos y para la filosofía, la ciudad no fue una simple condición objetiva, un contexto sociológico, un dato exterior. Los filósofos han pensado la ciudad y han llevado la vida urbana al ámbito del lenguaje y del concepto.

Dejaremos a un lado las cuestiones que plantean la ciudad oriental, el modo de producción asiático y sus relaciones «campo-ciudad», así como, en base a todo lo anterior, la conformación de las ideologías (filosofías). Consideraremos únicamente la ciudad antigua (griega o romana) en la cual tienen su origen las sociedades y las civilizaciones llamadas «occidentales». Esta ciudad generalmente resulta de un *sinocisma*, es decir, es resultado de la confluencia de varios pueblos o tribus establecidos en un territorio concreto. Esta unidad permite el desarrollo de la división del trabajo y de la propiedad mobiliaria (dinero) sin destruir, no obstante, la propiedad colectiva o, mejor aún, «comunitaria» del suelo. De este modo, se constituye una comunidad en cuyo seno una minoría de ciudadanos libres ostenta el poder frente a los demás miembros de la ciudad: mujeres, niños, esclavos, extranjeros. Existe una serie de elementos en la ciudad vinculados a un modo de propiedad comunal («propiedad privada común» o «apropiación privativa») de los ciudadanos activos que se oponen a los esclavos. Esta forma de asociación constituye una democracia, pero los elementos de esta democracia están estrechamente jerarquizados y sometidos a las exigencias de unidad de la ciudad misma. Es la democracia de la no libertad (Marx). A lo largo de la historia de la ciudad antigua, la propiedad privada (del dinero, del suelo, de los esclavos) se consolida y se concentra en su forma más pura y simple, sin abolir empero los derechos de esta ciudad sobre el territorio.

La separación entre la ciudad y el campo supone una de las primeras y fundamentales divisiones del trabajo, junto al reparto según el sexo y la edad (división biológica del trabajo) y a la organización según los instrumentos y las habilidades (división técnica del trabajo). La división social del trabajo entre el campo y la ciudad se corresponde con la separación entre el trabajo material y el trabajo intelectual, y, por consiguiente, entre lo natural y lo espiritual. El trabajo intelectual queda vinculado a la ciudad: funciones de organización y dirección, actividades políticas y militares, así como elaboración del conocimiento teórico (filosofía y ciencias). La totalidad se divide, se establecen separaciones, entre ellas la separación entre *Logos* y *Physis*, entre teoría y práctica. Dentro de la práctica se remarca la separación entre *praxis* (acción sobre los grupos humanos), *poiesis* (creación de obras) y *téchne* (actividad armada de técnicas y orientada hacia los productos). El campo, a la vez realidad práctica y representación, traerá las imágenes de la naturaleza, del ser y de lo original. La ciudad, por su parte, traerá las imágenes del esfuerzo, de la voluntad, de la subjetividad, de la reflexión, sin que estas representaciones se disocien de actividades reales. De la confrontación de estas imágenes nacerán grandes simbolismos. Sobre la *ciudad griega* se configura el *cosmos* como un espacio de orden y luminosidad, como jerarquía de lugares. La *ciudad italiota* tiene por centro una abertura sagrada-demoníaca frecuentada por las fuerzas de la muerte y de la vida: tiempos tenebrosos de esfuerzos y pruebas. Así es el *mundo*. En *la ciudad griega* triunfa, no sin esfuerzo, el espíritu apolíneo, el símbolo luminoso de la razón que todo lo ordena. Por el contrario, en la *ciudad etrusco-romana* triunfa el lado demoníaco de lo urbano. Pero el filósofo y la filosofía intentan conformar una totalidad. El filósofo no admite la separación y considera que el mundo, la vida, la sociedad, el cosmos (y más tarde la historia) deben constituir un Todo.

La filosofía nace, pues, en la ciudad a partir de la división del trabajo y sus múltiples modalidades. A su vez, se convierte en actividad propia y especializada. Sin embargo, no cae en la tentación de compartimentar todo. De hacerlo, se confundiría con la ciencia y las ciencias, también ellas nacientes. Del mismo modo que el filósofo rehúsa entrar en las opiniones de los artesanos, soldados o políticos, rechaza las razones y argumentos de los especialistas. Su interés fundamental y su fin es la totalidad (descubierta o creada por el sistema), es decir, la unidad del pensamiento y del ser, del discurso y del acto, de la naturaleza y la reflexión, del mundo (o cosmos) y de la realidad humana. Todo ello no excluye la reflexión sobre las *diferencias* (entre el Ser y el pensamiento, entre lo que viene de la naturaleza y lo que viene de la ciudad, etc.), sino que, por el contrario, la incorpora. Como dijera Heidegger, el Logos (elemento, medio, mediación y fin para los filósofos y la vida urbana) fue simultáneamente: poner delante, reunir y coger, para luego recoger y recogerse, hablar y decir, exponer. La reunión es la recolección e incluso su cumplimiento. «Se va a buscar las cosas y se recogen. Allí lo que domina es la idea de poner bajo protección, y con ella domina a su vez la preocupación de conservar [...] la recolección es en sí y anticipadamente una selección de aquello que necesita resguardo». De este modo, la recolección es ya pensamiento. Lo que se recoge se pone en reserva. Decir es el acto de recogimiento que reúne. Lo que supone la presencia de un «alguien», *ante*, *por* y *para* quien se enuncia el ser de lo que así se ha logrado. Esta presencia se produce en la claridad (o, como Heidegger dice, en la «no ocultación»). (Véase *Essais et conférences*, «Le Logos», pp. 251 y ss.). Por tanto, la ciudad ligada a la filosofía reúne, *por* y *en* su logos, las riquezas del territorio, las actividades dispersas y las personas, lo dicho y lo escrito (en los que cada uno anticipa el recoger y la recolección). Hace simultáneo lo que en el campo ocurre y transcurre según ciclos y ritmos de la naturaleza. Asume y pone bajo su protección «todo». Si la filosofía y la ciudad se vinculan de este modo en el logos (la razón) naciente, ello no acontece dentro de una subjetividad a la manera del *«cogito»* cartesiano. Y en caso de llegar a conformar un sistema, no lo hacen a la manera habitual ni mediante la acepción corriente del término.

A esta unidad fundamental entre la forma urbana y su contenido, entre la forma filosófica y su sentido, se le suma ahora la organización de la ciudad misma: un centro privilegiado, núcleo de un espacio político, sede de un logos y regido por el logos ante el que los ciudadanos son «iguales», teniendo las regiones y las demarcaciones del espacio una racionalidad que se justifica ante el Logos (es decir, para y por él).

El logos de la ciudad griega no puede separarse del *logos* filosófico. La obra de la ciudad continúa y se concentra en la obra de los filósofos, que recoge las opiniones y los puntos de vista, las obras diversas, que las piensa como simultaneidad, que reúne ante ellas las diferencias como totalidad: lugares urbanos en el cosmos, tiempos y ritmos de la ciudad en los del mundo (e inversamente). Cuando la filosofía traslada la vida urbana al lenguaje y al concepto incurre en una historicidad superficial. En cualquier caso, la ciudad como emergencia, lenguaje y mediación, sale a la luz teórica gracias al filósofo y a la filosofía.

Después de esta primera exposición del vínculo interno entre ciudad y filosofía saltamos a la Edad Media occidental (europea). En la Edad Media, este proceso *parte del campo*. La ciudad romana y el Imperio fueron destruidos por las tribus germánicas, que eran a un tiempo comunidades primitivas y organizaciones militares. De esta disolución de la soberanía (ciudad, propiedad, relaciones de producción) va a surgir la propiedad feudal del suelo, donde los siervos reemplazan a los esclavos. Con el renacimiento de las ciudades se desarrolla, por una parte, la organización feudal de la propiedad y de la posesión del suelo (las comunidades campesinas mantenían el dominio útil mientras que los señores feudales mantenían lo que más tarde se denominaría dominio «eminente») y, por otra, una organización gremial de los oficios y de la propiedad urbana. Esta doble jerarquía, aunque dominada en sus inicios por la propiedad señorial del suelo, contiene la condena de dicha propiedad y del dominio de la riqueza inmobiliaria. De aquí se deriva un profundo conflicto que será clave en la sociedad medieval: «La necesidad de asociarse para hacer frente a la nobleza rapaz asociada; la exigencia de disponer de lugares de venta comunes en una época en que el industrial era al propio tiempo comerciante; la creciente competencia de los siervos que huían de la gleba y afluían en tropel a las ciudades prósperas y florecientes y la organización feudal de todo el país hicieron surgir los gremios; los pequeños capitales de los artesanos sueltos, reunidos poco a poco por el ahorro, y la estabilidad del número de estos en medio de una creciente población hicieron que se desarrollara la relación entre oficiales y aprendices, engendrando en las ciudades una jerarquía semejante a la que imperaba en el campo» (Marx).[1] En estas condiciones, la filosofía queda subordinada a la teología: la filosofía abandona la reflexión sobre la ciudad. El filósofo (teólogo) reflexiona sobre la *doble jerarquía* y le da forma, respetando o descuidando los conflictos según los casos. Los símbolos y nociones relativos al *cosmos* (espacio, jerarquía de las distancias en ese es-

1. Este fragmento pertenece a *La ideología alemana*. Edición en castellano: K. Marx y F. Engels, *La ideología alemana*, Madrid: Akal, 2014 (p. 20). Traducción de Wenceslao Roces. *(N. del T.)*.

pacio) y al *mundo* («devenir» de las sustancias acabadas, jerarquías en el tiempo, descenso o caída, ascenso o redención) desdibujan la conciencia de la ciudad. Desde el momento en que no hay ya dos, sino tres jerarquías (el feudalismo de la tierra, la organización gremial, el rey y su aparato de Estado), la reflexión recupera una dimensión crítica. El filósofo y la filosofía, no teniendo ya que optar entre el diablo y el Señor, se reencuentran. Pese a ello, la filosofía no reconocerá su vínculo con la ciudad. Aunque el ascenso de racionalismo acompaña al ascenso del capitalismo (primero, comercial y bancario y, después, industrial) y a la expansión de la ciudad, dicho racionalismo aparecerá vinculado tanto al Estado como al individuo.

En el apogeo del pensamiento filosófico (especulativo, sistemático, contemplativo), Hegel considera que la unidad entre la perfección de la ciudad griega y la Idea que mueve a la sociedad y al Estado, ha sido irremediablemente truncada por el devenir histórico. En la sociedad moderna, el Estado subordina a sus elementos y materiales y, por tanto, también a la ciudad. No obstante, esta ciudad permanece dentro del sistema total como una suerte de subsistema (filosófico-político), junto al sistema de necesidades, derechos y deberes, el de la familia y los estados (oficios, corporaciones), el del arte y la estética, etc.

Para Hegel, la filosofía y lo «real» (práctico y social) siempre han ido ajenos el uno al otro. Ahora las separaciones desaparecen. La filosofía no se limita a reflexionar sobre lo real, esto es, a intentar conjugar lo real y lo ideal, sino que se realiza al realizar lo ideal en lo racional. Lo real no se contenta con justificar el ejercicio de reflexión, el conocimiento, la conciencia y, por ello, a lo largo de una historia (que tiene un sentido) se vuelve racional. De este modo, lo real y lo racional tienden el uno al otro; cada uno por su lado marcha hacia su identidad, reconocida como tal. Lo racional es esencialmente la filosofía, el sistema filosófico. Lo real es la sociedad, el Derecho y el Estado que cimienta el edificio. En el Estado moderno, por consiguiente, el sistema filosófico se convierte en real; en la filosofía de Hegel lo real se presenta como racional. Por tanto, el sistema tiene una doble faz: filosófica y política. Hegel descubre el movimiento histórico que supone este paso de lo racional a lo real y viceversa. Saca a la luz la identidad en el instante mismo en que la historia la produce. De este modo, para Hegel, *la filosofía se realiza*. En Hegel, como Marx advirtió, se da a un tiempo devenir filosofía del mundo y devenir mundo de la filosofía. La primera consecuencia de esto es la confirmación de una imposible escisión entre filosofía y realidad (histórica, social, política). La segunda consecuencia es que el filósofo pierde toda independencia al realizar una función pública, como los otros funcionarios. La filosofía y el filósofo se integran, a través del cuerpo de funcionarios y de la clase media, en esta realidad racional del Estado y no ya en esa ciudad que representó la perfección desmentida ahora por una racionalidad total.

Es sabido que Marx ni refutó ni rechazó la afirmación hegeliana esencial: *la filosofía se realiza*. El filósofo ha perdido su derecho a la independencia frente a la práctica social en la que se inserta. Es cierto que existen simultáneamente un devenir-filosofía del mundo y un devenir-mundo de la filosofía y, por tanto, es cierto que existe una tendencia hacia la unidad (conocimiento y reconocimiento de la no separación). Sin embargo, Marx rechaza el hegelianismo. La historia no termina. Ni la unidad ha sido alcanzada ni las contradicciones han sido resueltas. La filosofía no va a realizarse en y por el Estado y con la burocracia como apoyo social. Esta misión histórica está reservada al proletariado. Solo él puede poner fin a las separaciones, esto es, a las alienaciones. Su misión tiene una doble vertiente: por un lado, destruir la sociedad burguesa construyendo otra sociedad; por otro, abolir la especulación y la abstracción filosóficas, la contemplación y la sistematización alienantes, para realizar así el proyecto filosófico del ser humano. Las posibilidades de la clase obrera no surgen de la elaboración de un juicio moral o filosófico, sino de la misma industria, de la producción industrial y de su relación con las fuerzas productivas y el trabajo. Hay que subvertir el mundo: la conjunción de lo racional y lo real habrá de realizarse en una sociedad distinta.

Desde esta perspectiva, la historia de la relación entre la filosofía y la ciudad, lejos de haber concluido, apenas ha sido esbozada. En efecto, esta historia requerirá de un análisis de temas cuya emergencia se vincula a la representación de la naturaleza y la tierra, a la agricultura, a la sacralización del suelo (y a su desacralización). Una vez planteados, tales temas se desplazan a veces hasta puntos lejanos (en el tiempo y en el espacio). Estos puntos de impacto, imputación, condiciones, implicaciones y consecuencias no siempre coinciden. Los temas se enuncian e insertan en contextos sociales y categorías diferentes a los que marcaron su nacimiento, suponiendo que quepa hablar ya de «categorías». La problemática urbana, por ejemplo, la referida al destino de la ciudad griega, utilizó, para desprenderse o para ocultar aspectos cósmicos anteriores o exteriores a esta ciudad, visiones del devenir cíclico o de la inmovilidad oculta del ser. Estas advertencias tienen la finalidad de mostrar que la relación entre la filosofía y la ciudad no ha sido formulada aún de un modo explícito.

¿Cuál es en la actualidad la relación entre la filosofía y la ciudad? Diremos que esta es una relación ambigua. Los filósofos contemporáneos más eminentes no encuentran en la ciudad sus temas de referencia. Bachelard ha dejado páginas admirables consagradas a la casa. Heidegger ha meditado sobre la ciudad griega y el Logos, sobre el templo griego. Sin embargo, las metáforas que resumen el pensamiento heideggeriano no provienen de la ciudad, sino de una vida originaria y anterior: los «pastores del ser», los «caminos forestales». Parece como si Heidegger tomara sus referencias de la Casa y de la oposición entre el *Permanecer* y el *Errar*. Por su parte, la reflexión calificada como «existencialista», se funda sobre una conciencia individual, sobre el sujeto y las pruebas de la subjetividad, más que sobre una realidad práctica histórica y social.

No está demostrado, sin embargo, que la filosofía haya dicho su última palabra en lo que a la ciudad respecta. Por ejemplo, se puede concebir perfectamente una descripción *fenomenológica* de la vida urbana. O construir una *semiología* de la realidad urbana que sería a la ciudad actual lo que el Logos fue para la ciudad griega. Solo la filosofía y el filósofo proponen una *totalidad*: la búsqueda de una concepción o una visión global. El solo hecho de tener en cuenta «la ciudad» ¿acaso no supone ya la prolongación de la filosofía, es decir, reintroducir la filosofía en la ciudad o la ciudad en la filosofía? Es cierto que el concepto de *totalidad* corre el riesgo de quedar vacío si solo admite una acepción filosófica. De este modo, se formula una problemática que no se reduce a la de la ciudad, sino que concierne al mundo, a la historia, al «hombre».

Por otra parte, encontramos pensadores contemporáneos que han reflexionado sobre la ciudad y que se consideran, de un modo más o menos explícito, filósofos de la ciudad, con la pretensión de inspirar a arquitectos y urbanistas y establecer un vínculo entre las preocupaciones urbanas y el viejo humanismo. Pero estos filósofos poseen una mirada de corto alcance. Los filósofos que pretenden pensar la ciudad y aportar una filosofía de la ciudad prolongando la filosofía tradicional discurren sobre «la esencia» o sobre la ciudad como «espíritu», como «vida» o «impulso vital», como ser o «todo orgánico». En resumen, unas veces la tratan como sujeto y otras como sistema abstracto, lo cual no conduce a parte alguna. De ello obtenemos una doble conclusión. En primer lugar, la historia del pensamiento filosófico puede y debe ser reconsiderada a partir de su relación con la ciudad (condición y contenido de este pensamiento). Es este uno de los niveles de análisis que han de plantearse. En segundo lugar, esta articulación parte de la problemática de la filosofía y la ciudad (conocimiento, formulación de la problemática urbana, noción de este marco, estrategia a concebir). Los conceptos filosóficos no tienen nada de operativo y, sin embargo, sitúan la ciudad y lo urbano –y la sociedad entera– como unidad más allá de fragmentaciones analíticas. Lo que aquí se enuncia sobre la filosofía y su historia podría igualmente afirmarse sobre el arte y su historia.

3. Las ciencias fragmentarias y la realidad urbana

A lo largo de siglo XIX se conformaron las ciencias sociales y lo hicieron contra una filosofía que se esforzaba por abarcar lo global (encerrando una totalidad real a través de la sistematización racional). Estas ciencias fragmentaban la realidad para analizarla, utilizando cada una su método o métodos, su ámbito, su dominio. Un siglo después se continúa todavía discutiendo si estas ciencias aportan algún conocimiento específico acerca de una realidad unitaria o si la fragmentación analítica desde la cual operan tiene que ver con diferencias objetivas, articulaciones, niveles y dimensiones.

La ciudad no ha sido ajena a la investigación de historiadores, economistas, demógrafos y sociólogos. Cada una de estas especialidades realiza su aportación específica a una ciencia de la ciudad. Se ha comprobado y verificado ya que la historia permite elucidar la génesis de la ciudad y, sobre todo, permite delimitar mejor que ninguna otra ciencia la problemática de la sociedad urbana. En cualquier caso, está fuera de cualquier duda que el conocimiento de la realidad urbana puede proyectarse sobre lo posible (o las posibilidades) y no solamente sobre lo realizado o el pasado. Si se quiere construir un centro comercial o cultural que responda a necesidades funcionales o que pueden devenir funcionales, habrá que tener en cuenta la palabra del economista. En el análisis de la realidad urbana intervienen el geógrafo, el climatólogo o el botánico. Comprobamos, pues, cómo *el entorno*, concepto global y confuso, se fragmenta a través de la intervención de las diversas especialidades. Los cálculos matemáticos aportan indicaciones indispensables sobre el futuro y sus condiciones. Y, sin embargo, ¿qué reúnen todos estos datos? Un proyecto o, dicho de otro modo, una estrategia. Por otra parte, hay una duda que subsiste y que incluso se confirma. ¿Es la ciudad una suma de índices e indicadores, de variables y parámetros, de correlaciones? ¿Es una colección de hechos, de descripciones, de análisis fragmentarios en la medida en que fragmentan la ciudad? Estas divisiones analíticas no carecen de rigor, pero, como se ha dicho, el rigor es inhabitable. La cuestión coincide con la interrogación general formulada desde las ciencias especializadas. Por un lado, lo global, que se orienta tan solo hacia una actitud que recuerda curiosamente aquella de las filosofías, cuando no es una actitud abiertamente filosófica. Por otro lado, está lo parcial, esto es, datos más fiables pero más dispersos. Todo ello conduce a una interrogación: ¿se puede alcanzar una ciencia de la ciudad a partir de ciencias fragmentarias?

No más que una ciencia unitaria de la sociedad, o del «hombre», o de la realidad humana y social. Nos encontramos así, por un lado, con un concepto sin contenido y, por otro, con un contenido o contenidos sin concepto. Otra posibilidad es afirmar que «la ciudad», la realidad urbana en cuanto tal, no existe, sino que únicamente existen series de correlaciones. Suprimimos el objeto. O bien se podría continuar afirmando la existencia de lo global, realizando diversas aproximaciones sea delimitándolo a partir de extrapolaciones en nombre de una disciplina determinada o en nombre de una táctica «interdisciplinaria». En cualquier caso, no será posible abarcarlo en su totalidad, a no ser mediante una labor que vaya más allá de la fragmentación.

Visto de cerca, comprobamos cómo los especialistas que han estudiado la realidad urbana han introducido casi siempre una representación global (salvo en el caso de un positivismo lógicamente extremo). Difícilmente pueden prescindir de una síntesis, contentándose con una suma de conocimientos, divisiones y montajes de la realidad urbana. En su calidad de especialistas, se sienten legitimados para transitar desde sus análisis hasta una síntesis final, cuyo principio está inspirado en su especialidad. Se consideran «hombres de síntesis» a través de una disciplina o una tentativa interdisciplinaria. Las más de las veces, conciben la ciudad (y la sociedad) como un *organismo*. Los historiadores han vinculado estas entidades con una «evolución» o con un «desarrollo histórico». Los sociólogos las han concebido como un «ser colectivo», como un «organismo social». Así, el organicismo, evolucionismo y continuismo han dominado las representaciones de la ciudad elaboradas por especialistas que se consideraban sabios y solo sabios. Los filósofos, sin saberlo, iban de lo parcial a lo global y del hecho al derecho. Ello, sin justificar sus acciones.

¿Nos situamos ante un dilema, ante un callejón sin salida? La respuesta es afirmativa y negativa a la vez. Sí, porque comprobamos cómo existe una barrera que cierra el paso. No, porque existe la posibilidad de evitar tal obstáculo a través de una nueva práctica que bordea el problema especulativo o la información parcial de un problema real, el cual tiende a convertirse en global, al reunir toda la información de la experiencia y del conocimiento. Hablamos, pues, del urbanismo. No se trata de una visión filosófica de la praxis, sino del hecho de que el pensamiento llamado urbanístico se transforma en práctica a nivel global. Desde hace algunos años, el urbanismo desborda las técnicas y aplicaciones parciales (reglamentación y administración del espacio edificado) para convertirse en práctica social que concierne e interesa al conjunto de la sociedad. *El examen crítico de esta práctica social* (incidiendo, naturalmente, en su dimensión crítica) *no puede impedir a la teoría resolver un dilema teórico por el hecho de encontrarse separada de la práctica.*

El urbanismo se convierte en *práctica social* a través de un nivel de elaboración y acción solo alcanzable mediante la confrontación de estrategias políticas. En cuanto que *práctica social*, podría decirse que ha superado ya su estadio inicial, es decir, el estadio que suele denominarse como *interdisciplinario* (el de la comunicación y confrontación entre expertos, el de la suma de análisis fragmentarios). El dilema para el urbanismo es el siguiente: o bien, de un lado, se basa en una práctica de conocimientos parciales que aplica a la postre, o bien, de otro lado, desarrolla hipótesis y proyectos con una dimensión global. En el primer caso, la aplicación de conocimientos parciales consigue resultados que no hacen sino confirmar la imposibilidad relativa de dichos conocimientos. Es decir, los resultados obtenidos presentan vacíos y lagunas que favorecen la precisión experimental, sobre el terreno, de aquello que falta. En el segundo caso, el fracaso (o el éxito) obtenido, permite aclarar qué hay de ideológico en las presuposiciones establecidas y concretar qué es lo que estas definen a nivel global. Hablamos, por tanto, de realizar un *examen crítico* a la actividad denominada «urbanismo» y no tanto de creer o no en la palabra de los urbanistas, ni admitir sin objeciones los efectos de sus proposiciones y decisiones. Particularmente, comprobamos cómo las incongruencias y distorsiones entre práctica y teoría (ideología), entre conocimientos parciales y resultados, van a pasar a un primer plano, en lugar de quedar ocultas. Lo mismo va a suceder con la interrogación sobre el uso y los usuarios, al situarse también en un primer plano.

4. Filosofía de la ciudad e ideología urbanística

Para formular la *problemática de la ciudad*, esto es, para enunciar los problemas de la ciudad y vincularlos entre sí, es conveniente distinguir claramente los siguientes puntos:

a. los filósofos y las filosofías de la ciudad, quienes la definen especulativamente como totalidad, al igual que lo hacen con el *Homo urbanicus* al nombrarlo bajo el mismo título que el hombre en general, el mundo o el cosmos, la sociedad, la historia;
b. los conocimientos parciales sobre la ciudad, es decir, sus elementos, sus funciones y estructuras;
c. las aplicaciones técnicas de estos conocimientos en un contexto determinado: en el marco fijado por decisiones estratégicas y políticas;
d. el urbanismo como doctrina, es decir, como ideología, interpreta los conocimientos parciales y justifica

sus aplicaciones en el terreno, elevándolas (por extrapolación) a una totalidad mal fundamentada o, al menos, mal explicada.

Los aspectos o elementos que este análisis distingue no se dan en las obras por separado, sino que se entrecruzan, reforzándose o neutralizándose. Platón proponía un concepto de ciudad y una ciudad ideal en el *Critias*, en *La república* y en *Las leyes*; sin embargo, la utopía platónica queda matizada por análisis muy concretos. Algo similar sucede con Aristóteles en el caso de los escritos políticos que estudian las constituciones en las ciudades griegas y particularmente en Atenas.

En la actualidad, Lewis Mumford y Gaston Bardet, entre otros, todavía imaginan una ciudad conformada no ya por ciudadanos-urbanitas, sino por ciudadanos-portadores de derechos, liberados de la división del trabajo, de las clases sociales y, por ende, de la lucha de clases, constituyendo y gestionando una comunidad a la que se adhieren libremente. De este modo, en cuanto que filósofos, delimitan el modelo de la ciudad ideal. Representan la libertad en el siglo XX basándose en el ideal de libertad de la ciudad griega, tamizada para la ocasión por una ideología: la libertad no se encontraba en los individuos ni en los grupos sociales, sino que pertenecía a la ciudad. De este modo, piensan la ciudad moderna según el modelo de la ciudad antigua, que identifican, a la vez, con la ciudad ideal y racional. El ágora, lugar y símbolo de una democracia limitada a los ciudadanos, que excluía a mujeres, esclavos y extranjeros, sigue siendo para una cierta filosofía de la ciudad el símbolo de la sociedad urbana en general. Extrapolación típicamente ideológica. A esta ideología, los filósofos de la ciudad añaden conocimientos parciales. La operación propiamente ideológica consiste en el salto de lo parcial a lo global, de lo elemental a lo total, de lo relativo a lo absoluto. Por lo que respecta a alguien como Le Corbusier, cuando describe la relación del habitante y el hábitat urbano con la naturaleza, con el aire, el sol y el árbol, con el tiempo cíclico y los ritmos del cosmos, se comporta como un filósofo de la ciudad. A esta visión metafísica él incorpora indiscutibles conocimientos sobre los problemas reales de la ciudad moderna, conocimientos que se enmarcan en una práctica urbanista y en una ideología concreta. De este modo, el funcionalismo reduce la sociedad urbana al ejercicio de algunas funciones previstas y prescritas sobre el terreno por la arquitectura. Tal arquitecto se considera «hombre de síntesis», tanto al nivel del pensamiento como de la práctica. Quiere creer y crear las relaciones humanas al definirlas y al concebir su marco y su ambientación. Desde una perspectiva que toma como punto de referencia horizontes bien conocidos por el pensamiento, el arquitecto se percibe y concibe como Arquitecto del Mundo, como la imagen humana del Dios creador.

La filosofía de la ciudad (o, si se quiere, la ideología urbana) nació como superestructura de una sociedad en cuyas estructuras se insertaba un cierto tipo de ciudad. Esta filosofía, valiosa herencia del pasado, se proyecta a través de especulaciones que a menudo se revisten de cientificidad solo por el hecho de incorporar algunos conocimientos reales.

En cuanto al urbanismo entendido como ideología, las formulaciones han sido cada vez más precisas. Estudiar los problemas de circulación o de transmisión de órdenes en la gran ciudad moderna lleva a la adquisición de conocimientos reales y a la aplicación de técnicas concretas. Declarar que la ciudad se define como red de circulación y comunicación, como centro de informaciones y decisiones, debe entenderse como una afirmación realizada desde una ideología absoluta. La misma se sustenta en una reducción-extrapolación particularmente arbitraria y peligrosa y se presenta como verdad total, como dogma, utilizando para ello medios terroristas. En nombre de la ciencia y el rigor científico, cuando no a través de peores medios, tal ideología conduce a la imposición de un urbanismo basado en canalizaciones, viales y cálculos.

Esta ideología tiene dos aspectos complementarios: un aspecto mental y un aspecto social. A nivel mental, hace referencia a una teoría de la racionalidad y de la organización cuya formulación podemos situar en torno a 1910, en el marco de una transformación concreta de la sociedad contemporánea: inicio de una crisis profunda y de tentativas de resolver esta crisis por métodos de organización, primero a escala de empresa, luego a escala global. Socialmente, la noción de espacio es la que se sitúa en primer plano, relegando al olvido el tiempo y el devenir. El urbanismo como ideología formula todos los problemas de la sociedad en cuestiones de espacio y traspone en términos espaciales todo lo que viene de la historia, de la conciencia. Esta ideología se desdobla inmediatamente. Puesto que la sociedad no funciona de un modo satisfactorio, ¿por qué no hablar de una patología del espacio? Desde esta perspectiva, no se concibe la primacía, casi oficialmente reconocida, del espacio sobre el tiempo como el indicador de una patología social, es decir, como un síntoma entre otros de una realidad que engendra enfermedades sociales. Por el contrario, se habla de espacios insalubres y espacios sanos. El urbanista sabría distinguir los espacios enfermos de los espacios vinculados a la salud mental y social, esto es, generadores de esta salud. En cuanto que médico del espacio, tendría capacidad para concebir un espacio social armonioso, normal y normativo. Su función se reduciría, por tanto, a acomodar a este espacio (que se identifica, como por azar, con el espacio de los geómetras, con las topologías abstractas) las realidades sociales preexistentes.

La crítica radical, tanto de las filosofías de la ciudad como del urbanismo ideológico resulta indispensable tanto a nivel teórico como a nivel práctico. Esta crítica puede presentarse como una operación de salud pública. Su realización, sin embargo, no se producirá sino a través de largas investigaciones, de análisis rigurosos y de un estudio paciente de los textos y los contextos.

5. Especificidad de la ciudad: la ciudad y la obra

En las ciudades precapitalistas (o preindustriales, si se prefiere esta terminología), la filosofía de la ciudad tenía por cometido responder a cuestiones planteadas desde la práctica social. El urbanismo como técnica y como ideología responde a las demandas originadas a partir de la gran crisis de la ciudad antes señalada, la cual se anunciaba ya en el inicio del capitalismo competitivo (con la industria propiamente dicha) y desde entonces no ha dejado de agudizarse. Esta crisis de *escala mundial* ha hecho surgir nuevos aspectos de la realidad urbana. Explica lo que fue poco o mal comprendido, desvela lo que había sido mal percibido y obliga a reconsiderar no solo la historia de la ciudad y de su conocimiento, sino también la historia de la filosofía y del arte. Hasta hace escaso tiempo, el pensamiento teórico representaba la ciudad, en los mejores casos, como una entidad, como un organismo o como un todo entre otros, cuando no la acababa reduciendo a un fenómeno parcial, a un aspecto secundario, elemental o accidental de la evolución y de la historia. La ciudad se veía como un simple resultado localizado en el terreno, como mero reflejo de la historia general. Estas representaciones inscritas en clasificaciones, que pueden recibir nombres conocidos (organicismo, evolucionismo, continuismo), han sido ya cuestionadas con anterioridad. Ni contenían un conocimiento teórico de la ciudad ni conducían al mismo. Más bien, impedían el desarrollo de una investigación a un nivel elemental y se comportaban más como ideologías que como conceptos y teorías.

Solo ahora hemos comenzado a captar la *especificidad* de la ciudad, esto es, de los fenómenos urbanos. La ciudad nunca dejó de estar vinculada al conjunto de la sociedad, a su composición y funcionamiento, a sus elementos constitutivos (campo y agricultura, fuerzas ofensivas y defensivas, poderes políticos, Estados, etc.) ni tampoco a su historia. Por tanto, sus cambios se producen cuando el conjunto de la sociedad cambia. Sin embargo, las transformaciones de la ciudad no son el resultado pasivo de las modificaciones que operan en ese conjunto social. La ciudad depende también, y no de un modo menor, de relaciones de inmediatez, de vínculos directos entre las personas y los grupos que componen la sociedad (familias, grupos organizados, oficios y corporaciones, etc.). Sin embargo, no se reduce a la mera organización de estas relaciones inmediatas y directas, como tampoco sus metamorfosis se reducen a los cambios de estas relaciones. Diremos que se sitúa en un punto intermedio, a mitad de camino entre lo que se denomina *orden próximo*, el de las relaciones de individuos en grupos más o menos extensos, más o menos organizados y estructurados, las relaciones de estos grupos entre sí, y aquello que se denomina *orden lejano*, el de la sociedad, regulado por grandes y poderosas instituciones como la Iglesia y el Estado, por códigos jurídicos formalizados o no, por una «cultura» y por conjuntos significantes. El orden lejano se establece en este nivel «superior», es decir, aparece dotado de poderes y se impone. Es un orden abstracto, formal, intangible y, en apariencia, trascendente, que no puede ser concebido al margen de la ideología (religiosa, poética). Incorpora principios morales y jurídicos. Asimismo, se proyecta en la realidad práctico-sensible y, al inscribirse en ella, se hace visible. El orden lejano se impone *al* y *en el* orden próximo, completando su capacidad de constricción. Se hace evidente *por* y *en* la inmediatez. La ciudad es una *mediación* entre las mediaciones. Por un lado, contiene y mantiene el orden próximo. De igual modo, mantiene las relaciones de producción y propiedad y se convierte en el lugar de su reproducción. Por otro lado, contenida en el orden lejano, a su vez lo sostiene, lo encarna, lo proyecta sobre un terreno (un sitio) y sobre un plano. Le da vida inmediata, lo inscribe, lo prescribe, lo *escribe*, es texto en un inmenso contexto que resultaría inasible si no fuera por la reflexión.

De este modo, la ciudad se encuentra más próxima a la obra de arte que al mero producto material. Si hay producción *de* la ciudad y relaciones sociales *en* la ciudad, antes que producción de objetos, ello no es otra cosa que producción y reproducción de seres humanos por seres humanos. La ciudad tiene una historia, es obra de una historia, es decir, de personas y grupos concretos que realizan esta obra en condiciones históricas. Las condiciones que simultáneamente permiten y delimitan las transformaciones de la ciudad no son, en todo caso, suficientes para explicar aquello que nació de ellas, en ellas y por ellas. Si atendemos a la ciudad que creó la Edad Media occidental, comprobamos que fue obra de quienes la dinamizaron y dominaron: mercaderes y banqueros. ¿Puede el historiador concebirla como un simple objeto de transacción, una mera ocasión para obtener beneficios? En absoluto. Precisamente sucede lo contrario. Estos mercaderes y banqueros actuaban para promover de un modo generalizado el intercambio, para extender el dominio del valor de cambio. Sin embargo, la ciudad era para ellos mucho más que valor de cambio, era sobre todo valor de uso. Estos mercaderes de las ciudades italianas, flamencas, inglesas y francesas amaban a su ciudad como a una obra de arte y la decoraban con todas las obras de arte. De manera que, paradójicamente, la ciudad de los mercaderes y banqueros continúa siendo para nosotros el modelo de realidad urbana en la que el *uso* (el goce, la belleza, el respeto a los lugares significativos) predomina todavía sobre el lucro y el beneficio, sobre el valor de cambio, sobre los mercados, sus exigencias y sus presiones. Al mismo tiempo, la riqueza generada por el comercio de mercancías y el dinero, el poder del oro y el cinismo de este poder se inscriben también en esta ciudad y, claro es, prescriben un orden concreto. Para algunos, incluso bajo estas condiciones, continúa siendo un modelo, un prototipo.

Si aceptamos el término «producción» en un sentido amplio (producción de obras y producción de relaciones sociales), en efecto, debemos afirmar que hubo producción de ciudades a lo largo de la historia, al igual que hubo producción de conocimientos, de cultura, de obras de arte y civilización, como naturalmente también hubo producción de bienes materiales y de objetos práctico-sensibles. Estas modalidades de producción no se disocian, lo que contribuye a confundirlas, reduciendo así sus diferencias. La ciudad fue y continúa siendo *objeto*, pero a la manera de un objeto manejable, de un instrumento determinado, por ejemplo, este lápiz, esta hoja de papel. Su objetividad o su «condición de objeto» se acercarían más bien al *lenguaje* que los individuos o grupos reciben antes de modificarlo, o a una *lengua* determinada en cuanto que obra de una sociedad concreta, usada por unos grupos específicos. Podría también compararse esta «condición de objeto» con la realidad cultural que constituye un *libro escrito*, antes que hacerlo con el antiguo objeto abstracto de los filósofos o el objeto inmediato y cotidiano. No obstante, será preciso tomar precauciones. Si comparo la ciudad con un libro, con la escritura –con un sistema semiótico–, no tengo por ello derecho a olvidar su carácter de mediación. No puedo separarla ni de su contenido ni de aquello que la contiene, como si fuera un sistema completo y aislado. En el mejor de los casos, la ciudad constituye un subsistema, un subconjunto. En este libro, con esta escritura, se proyectan formas y estructuras mentales y sociales. Sin embargo, aunque el análisis puede llegar a este contexto a partir del texto, debe señalarse que el contexto no está dado. Para alcanzarlo, se recurrirá a las operaciones intelectuales, es decir, a los distintos pasos que comporta la reflexión: deducción, inducción, traducción y transducción. En este texto escrito, la ciudad, la totalidad no se muestra en lo inmediato. Hay niveles de realidad que no son *transparentes* por definición. La ciudad *escribe y prescribe*, es decir, significa, ordena y estipula. ¿Qué? Descubrirlo le corresponde a la reflexión. El texto a la vez que pasado por las ideologías, las «refleja». El orden lejano se proyecta *en* y *sobre* el orden próximo. Sin embargo, el orden próximo no *refleja* en esa transparencia el orden lejano. Este último subordina a través de mediaciones a lo inmediato. No se entrega, no se descubre, sino que disimula su condición. Esta es su forma de operar, si bien ello no nos permite hablar de una trascendencia del Orden, de lo Global o de lo Total.

La consideración de la ciudad como *obra* de determinados «agentes» históricos y sociales nos obliga a realizar una cuidadosa distinción entre la acción y el resultado, entre el grupo y su «producto», todo lo cual no implica hablar de separación. No hay obra sin sucesión regulada de actos y acciones, de decisiones y conductas, sin mensajes ni código. Tampoco hay obra sin cosas, sin una materia que moldear, sin una realidad práctico-sensible, sin un espacio, sin una «naturaleza», sin campo ni medio. Las relaciones sociales se establecen a partir de lo sensible aunque no se reducen a este mundo sensible. Y, sin embargo, no están suspendidas en el aire, no se pierden en la trascendencia. Si la realidad social implica formas y relaciones y, por tanto, no debe equipararse a un objeto aislado, sensible o técnico, entonces debemos entender que no puede subsistir sin vinculaciones, sin un encaje en los objetos y en las cosas. Insistamos en este punto metodológica y teóricamente importante. Será oportuno y razonable que distingamos entre una forma material y una forma social. Quizá convendría que introdujéramos aquí una distinción entre, por un lado, *la ciudad*, en cuanto que realidad presente, inmediata, dato práctico-sensible, arquitectónico, y, por otro lado, *lo urbano*, en cuanto que realidad social compuesta por relaciones que concebir, que construir o reconstruir por el pensamiento.

Sin embargo, esta distinción resulta peligrosa y la denominación propuesta no carece de riesgos. *Lo urbano*, así designado, da la impresión de prescindir del suelo y de la forma material, de perfilarse según el modo de existencia especulativo de entidades, espíritus y almas, sin atisbo de vinculaciones e inscripciones, situándose en una especie de trascendencia imaginaria. Si se adopta esta terminología, las relaciones entre *la ciudad* y *lo urbano* deberán determinarse con el mayor cuidado, evitando la separación y la confusión, la metafísica y la reducción a la inmediatez sensible. La vida urbana, la sociedad urbana, dicho de otro modo, *lo urbano* no pueden prescindir de una base práctico-sensible, de una forma. O la tienen o carecen de ella. Si no la tienen, si *lo urbano* y la sociedad urbana se conciben sin esta base es porque son percibidas como posibilidad, esto es, porque las virtualidades de la sociedad real persiguen, por así decir, su incorporación y su encarnación a través del pensamiento urbanístico y del conocimiento, de nuestras «reflexiones». Si no las encuentran, estas posibilidades están condenadas a desaparecer, a perecer. *Lo urbano* no es un alma, un espíritu, una entidad filosófica.

6. Continuidades y discontinuidades

El organicismo y sus derivados, es decir, el evolucionismo simplificador de muchos historiadores y el continuismo simplista de muchos sociólogos, han enmascarado las características específicas de la realidad urbana. Los actos o acontecimientos que «producen» esta realidad, considerada formación y obra social, escaparon al conocimiento. En este sentido, producir no es otra cosa que crear, es decir, descubrir «algo» que no existía antes de la actividad productora. Desde hace tiempo, el conocimiento se pone en duda ante la creación. O bien la creación parece algo irracional y espontáneo que surge de lo desconocido y lo incognoscible, o bien es negada y lo que nace es simplemente reducido a lo preexistente. La ciencia pretende ser disciplina de determinismos, del conocimiento de las imposiciones. Deja así a los filósofos la exploración sobre los nacimientos, los fallecimientos, las transiciones y las desapariciones. Quienes cuestionen la filosofía abandonan por este motivo la idea de creación. El estudio de los fenómenos urbanos está asociado al planteamiento de estos retos y dilemas y a la solución de los conflictos inherentes a la razón cognoscitiva.

La historia y la sociología concebidas según un modelo organicista no han sabido tampoco apreciar las *diferencias*, ni en el pasado ni en la actualidad. Frente a estas diferencias, y en detrimento de la creación, se produjeron reducciones abusivas. El vínculo entre estas operaciones reductoras se puede situar con facilidad. Lo *específico* desaparece ante los esquemas simplificadores. Bajo la tenue luz que proporcionan múltiples crisis entrelazadas (como la de la ciudad y lo urbano) y entre las grietas de una «realidad» que con demasiada frecuencia se considera colmada, como una página totalmente escrita, emerge el análisis que se interroga sobre cómo y por qué determinados procesos globales (económicos, sociales, políticos y culturales) han conformado el espacio urbano y modelado la ciudad, sin que de estos procesos derive inmediatamente y, a modo de deducción, la acción creadora. Si, en efecto, han influido sobre los tiempos y los espacios urbanos, esto ha sido posible al permitir el acceso a determinados grupos, tomados a su cargo y *apropiándoselos*. Tal situación se alcanza inventando y esculpiendo el espacio (para emplear una metáfora), adoptando unos ritmos concretos. Estos grupos han aportado innovaciones en la manera de vivir, de tener una familia, de criar y educar a los niños, de favorecer que las mujeres adquieran una posición más o menos relevante, así como en la manera de utilizar o transmitir la riqueza. Estas transformaciones de la vida cotidiana modificaron a su vez la realidad urbana sin por ello apartarse de las motivaciones de esta. La ciudad fue a la vez el lugar y el medio, el teatro y el propósito de estas interacciones complejas.

La introducción de discontinuidades temporales y espaciales en la teoría, en la historia y en la sociología de la ciudad y de lo urbano no otorga el derecho a abusar de ellas. No sería correcto sustituir el organicismo y el continuismo –consagrados por la teoría– por meras separaciones. Si la ciudad surge como un *nivel específico* de la realidad social, los principales procesos que venían dándose (entre los que destacan la generalización de los intercambios comerciales, la industrialización en ese marco global y la configuración del capitalismo competitivo) no pudieron desarrollarse por encima de la mediación específica que era la ciudad. Por otra parte, el nivel de las relaciones inmediatas, personales e interpersonales (la familia, el vecindario, los oficios y corporaciones, la división del trabajo entre los oficios, etc.), solo se distancia de la realidad urbana mediante una abstracción; el avance correcto del conocimiento no puede transformar esta abstracción en separaciones. La reflexión se centra, pues, en las articulaciones de lo real, sin dejar a un lado las divisiones existentes, pero sí su supuesta dislocación. La regla metodológica consiste, por tanto, en evitar la confusión de una continuidad ilusoria, así como las separaciones o discontinuidades absolutas. Por consiguiente, el estudio de las articulaciones entre los diferentes niveles de la realidad permite poner en evidencia las distorsiones y los desequilibrios entre ellos, y no difuminarlos.

La ciudad se transforma no solo debido a «procesos globales» relativamente continuados (como el crecimiento de la producción material a lo largo de las distintas épocas con sus consecuencias en los intercambios o el desarrollo de la racionalidad), sino en función de cambios profundos en el modo de producción, en las relaciones «campo-ciudad» y en las relaciones de clase y de propiedad. Lo adecuado aquí es pasar de los conocimientos más generales a los inscritos en los procesos y discontinuidades históricos, a su proyección y reflejo en la ciudad e, inversamente, pasar de los conocimientos particulares y específicos relativos a la realidad urbana a un contexto global.

La ciudad y lo urbano no pueden comprenderse sin las *instituciones* resultantes de relaciones entre clases y de las relaciones de propiedad. La ciudad, a un tiempo obra y acto perpetuos, da lugar a una especificidad: las instituciones municipales. Las instituciones de mayor rango, las vinculadas al Estado, la religión y las ideologías dominantes, tienen sus sedes en la ciudad política, militar o religiosa. En ellas coexisten con las instituciones propiamente urbanas, administrativas y culturales. De este modo, se entiende cómo se producen algunas continuidades notables a través de los cambios de la sociedad.

Es sabido que existió y sigue existiendo una ciudad oriental, expresión y proyección sobre el terreno, efecto y causa, del modo de producción asiático, donde el poder estatal asentado en la ciudad dirige económicamente un área agrícola más o menos extensa: rige y controla las aguas, el riego, el drenaje, la utilización del suelo..., en resumen, la producción agrícola. Por su parte, en la era de la esclavitud hubo una ciudad que dirigía a través de la violencia y la racionalidad jurídica su área agrícola circundante, pero que, a su vez, minaba su propia base al reemplazar a los campesinos libres (propietarios) por propiedades latifundistas. En Occidente surgió la ciudad medieval, complementaria del modo de producción feudal, en el que predominaba la agricultura. Sin embargo, también era lugar de comercio, escenario de la lucha de clases entre la burguesía naciente y los señores feudales, así como objeto y medio para la acción estatal (monárquica). Finalmente, en Occidente, en América del Norte, surge y todavía existe la ciudad capitalista comercial e industrial, marcada en mayor o menor grado por el Estado político, que acompaña en su formación al surgimiento del capitalismo. La burguesía tuvo la habilidad de hacerse con ella para dirigir así el conjunto de la sociedad.

Las discontinuidades no se producen únicamente entre las distintas realidades urbanas, sino también entre las relaciones sociales más generales, entre las relaciones inmediatas de los individuos y los grupos (entre los códigos y los subcódigos). A pesar de que la ciudad medieval perdura desde hace casi ocho siglos, la explosión actual de la gran ciudad tiende a disolver los núcleos urbanos de origen medieval, aunque suelen sobrevivir en el caso de muchas ciudades medias o pequeñas. Numerosos centros urbanos, cuyo origen se remonta a mucho tiempo atrás, protegen y perpetúan en la actualidad la imagen de *centralidad*, sin por ello legitimarla. Sin ellos, dicha centralidad hubiera desaparecido. Bien es cierto que esta ilusión y esta ideología han ocultado el movimiento dialéctico de las transformaciones de la ciudad y lo urbano y, singularmente, de las relaciones «continuidad-discontinuidad». A lo largo de su desarrollo, algunas *formas* pasan a ser *funciones* y se insertan en *estructuras* que las recuperan y asimismo las transforman. De este modo, la expansión de los intercambios comerciales a partir de la Edad Media conduce a una realidad concreta: la ciudad comercial que integra completamente a los mercaderes y que se establece alrededor de la plaza del mercado. Desde la industrialización, estos mercados *locales* y *localizados* mantienen una sola función dentro de la vida urbana, dentro de las relaciones de la ciudad con el entorno campesino. *La forma urbana, convertida en función, se inscribe en unas nuevas estructuras.* Sin embargo, los urbanistas creen haber inventado recientemente el centro comercial. Su planteamiento era el siguiente: la centralidad comercial aportaba una diferencia, un enriquecimiento al espacio desnudo, reducido a la función residencial. Sin embargo, estos urbanistas estaban simplemente evocando la ciudad medieval, despojada ahora de su relación histórica con el campo, es decir, de la lucha entre la burguesía y los señores feudales, así como de la relación política con el Estado monárquico y despótico. En definitiva, la ciudad era reducida a una única función: la del intercambio comercial local.

Formas, estructuras y funciones urbanas (de la ciudad, de las relaciones de la ciudad con el territorio sobre el que tiene algún control o influencia, de las relaciones con la sociedad y el Estado) actuaron unas sobre otras modificándose a través de un movimiento que desde el pensamiento actual es posible reconstruir y acotar. Toda formación urbana ha conocido una expansión, un apogeo y una decadencia. Sus fragmentos, sus restos sirvieron posteriormente *para* y *en* otras formaciones urbanas. La ciudad, comprendida a través de sus cambios históricos, en su nivel específico (por debajo y más allá de las transformaciones globales, pero por encima de las relaciones inmediatas localmente arraigadas, vinculadas frecuentemente a la sacralización del suelo y, por tanto, a una aparente permanencia eterna), ha pasado por periodos críticos. En el tiempo y en el espacio se suceden las desestructuraciones y las reestructuraciones, siempre plasmadas en el terreno, inscritas en lo práctico-sensible, escritas en el texto urbano, pero con una procedencia distinta: la de la historia, la del devenir. Sin embargo, no hablamos de un nivel intangible, sino de otra cosa. En las ciudades fue inscribiéndose la marca de actos y agentes locales, pero también de las relaciones impersonales de producción y propiedad y, por consiguiente, de las relaciones entre clases y de luchas de clases y, derivado de ello, de las ideologías (religiosas, filosóficas, es decir, éticas y estéticas, jurídicas, etc.). La proyección de lo global sobre el terreno y sobre el plano específico de la ciudad se efectuó únicamente a través de mediaciones. La ciudad, la cual también es una mediación, fue, por tanto, el lugar y el producto de las mediaciones, el terreno de sus actividades, el objeto y el objetivo de sus proposiciones. En el texto urbano se transcribieron procesos globales y relaciones generales única y exclusivamente a través de las ideologías, interpretadas por tendencias y estrategias políticas. Conviene desde ya insistir sobre lo problemático de concebir la ciudad como *un* sistema semántico, semiótico o semiológico, a partir de la lingüística, del lenguaje urbano o de la realidad urbana considerada como conjunto de signos. A lo largo de su proyección sobre un nivel específico, el código general de la sociedad se modifica. Por su parte, el código específico de lo urbano debe considerarse una variación, una versión, una traducción de aquel, incomprensible sin el original y sin los orígenes. En efecto, la ciudad se lee porque se escribe, porque fue escritura. Sin embargo, no es suficiente examinar este texto si no se tiene en cuenta el contexto. Escribir acerca de esta escritura o este lenguaje, elaborar el *metalen-*

guaje de la ciudad, no supone ni conocer la ciudad ni conocer lo urbano. El contexto, lo que hay *bajo* el texto por descifrar, es decir, la vida cotidiana, las relaciones inmediatas, la parte inconsciente de *lo urbano*, lo que apenas se dice y menos aún se describe, lo que se oculta en los espacios habitados –la vida sexual y familiar– y apenas se manifiesta cara a cara y, asimismo, lo que hay *por encima* del texto urbano, esto es, las instituciones, las ideologías... no puede descuidarse a la hora de traducir la información. Un libro no es suficiente. Bien estará que lo leamos y releamos y, mejor aún, realizar una lectura crítica del mismo que suscite preguntas al conocimiento: «¿Quién y qué? ¿Cómo? ¿Para qué? ¿Para quién?». Estas preguntas anuncian y exigen la restitución del contexto. La ciudad no puede, pues, concebirse como *un* sistema significativo, determinado y ensimismado. Atender solo a los *niveles* de la realidad impide, aquí como en otras partes, la sistematización. Sin embargo, la ciudad tuvo la singular capacidad de *apropiarse* de todas las significaciones para nombrarlas, para escribirlas (delimitarlas y «significarlas»), incluyendo las procedentes del campo, de la vida inmediata, de la religión y de la ideología política. En las ciudades, los monumentos y las fiestas cobraron así *valor*.

En cada periodo crítico, cuando el crecimiento espontáneo de la ciudad se estanca y se detiene el desarrollo urbano, orientado y señalado por las relaciones sociales hasta ese momento dominantes, aparece la reflexión urbanística. Esta reflexión, síntoma de los cambios que se producen, antes que ejemplo de una creciente racionalidad o equilibrio interno (pese a que las ilusiones sobre estos puntos se reproduzcan regularmente), combina la filosofía de la ciudad con la búsqueda de una solución terapéutica, es decir, con proyectos de intervención sobre el espacio urbano. Confundir esta inquietud con la racionalidad y el orden es parte de la *ideología* antes denunciada a través de la cual se abren camino, no sin dificultad, los conceptos y la teoría.

En este punto, convendría definir ya la ciudad. Al constatar que el concepto de ciudad se aleja progresivamente de la ideología que lo vehiculaba, la definición debe formularse en el marco de este proceso de separación. Proponemos aquí una primera definición de la ciudad como *proyección de la sociedad sobre el terreno*, es decir, no solamente sobre el espacio sensible, sino sobre el plano específico percibido y concebido por el pensamiento, que determina la ciudad y lo urbano. Las lagunas de esta definición han sido puestas en evidencia a través de largas polémicas. En primer lugar, se requiere de algunas precisiones complementarias. Lo que se inscribe y se proyecta en el terreno no es únicamente un orden lejano, una globalidad social, un modo de producción, un código general, sino que es también un tiempo o, mejor aún, unos tiempos, unos ritmos. La ciudad se escucha como si fuera música, de la misma manera que se lee como una escritura discursiva. En segundo lugar, la definición exige otro tipo de complementos. Pone el foco sobre ciertas diferencias históricas y genéricas o genéticas, pero, a su vez, oculta otras diferencias actuales, como aquellas que se producen entre las ciudades a lo largo de su historia, entre los efectos de la división del trabajo dentro de cada ciudad y entre las relaciones persistentes «ciudad-territorio». Ello da pie a otra definición que no necesariamente anula la primera: la ciudad *como conjunto de diferencias entre ciudades*. Sin embargo, esta definición también resulta insuficiente. Subrayando las particularidades más que las generalidades, descuida las singularidades de la vida urbana, las maneras de vivir de la ciudad y el *habitar* propiamente dicho. Por tanto, estamos ante otra definición, basada en la pluralidad, la coexistencia y la simultaneidad dentro de lo urbano, dentro de los *patrones* y formas de vivir la vida urbana, a saber: la pequeña vivienda unifamiliar, los grandes conjuntos, la copropiedad, el alquiler, la vida cotidiana y sus especificidades en intelectuales, artistas, comerciantes, obreros, etc.

Estas definiciones relativas a los niveles de la realidad social no pretenden ser exhaustivas ni excluyentes. Si algún teórico viera la ciudad como lugar de confrontación y relaciones (conflictivas) entre *deseo* y *necesidad*, entre satisfacción e insatisfacción, o si fuera a describir la ciudad como «lugar del deseo», estas determinaciones deberían ser examinadas y tomadas en consideración. No es *cierto* que estas determinaciones tengan un sentido único que deba enmarcarse en el dominio de una ciencia fragmentaria: la psicología. Es más, habría que poner el acento en el papel histórico de la ciudad como aceleradora de procesos (el intercambio y el mercado, la acumulación de conocimientos y capitales, la concentración de estos capitales) y como lugar de revoluciones.

Actualmente, al convertirse en centro de decisión o, más bien, al agrupar los centros de decisión, la ciudad moderna intensifica, al organizarla, *la explotación* de la sociedad entera (no solo de la clase obrera, sino de las otras clases sociales no dominantes). Es decir, que no es un lugar pasivo de la producción o de la concentración de capitales, sino que *lo urbano* interviene como tal en la producción (en los *medios* de producción).

7. Niveles de realidad y de análisis

Las consideraciones precedentes bastan para demostrar que el análisis de los fenómenos urbanos (de su forma sensible y social o, si se prefiere, de *la ciudad*, *lo urbano* y su conexión) exige el empleo de todos los instrumentos metodológicos: forma, función y estructura; niveles y dimensiones; texto y contexto; campo y conjunto; escritura y lectura; sistema, significante y significado; lenguaje y metalenguaje; instituciones, etc. Es sabido, por otra parte, que ninguno de estos términos nos remite a un escenario de pureza, es decir, que no son definidos sin ambigüedad ni son ajenos a la polisemia. Así sucede con la palabra *forma*, que adquiere significados diversos para el lógico, el crítico literario, el esteta o el lingüista.

El teórico de la ciudad y de lo urbano dirá que estos términos se definen como la «forma de la simultaneidad», campo de encuentros y cambios. Esta acepción de la palabra *forma* habrá de precisarse. Así sucede también con el término *función*. El análisis distingue entre funciones internas de la ciudad, funciones de la ciudad en cuanto al territorio (campo, agricultura, pueblos y comarcas, ciudades más pequeñas y aquellas subordinadas en una jerarquía reticular) y, finalmente, las funciones de cada ciudad en el conjunto social (división técnica y social del trabajo entre las ciudades, retículos diversos de relaciones, jerarquías administrativas y políticas). Lo mismo sucede con las *estructuras*. Tendríamos la estructura de cada ciudad (morfológica y socialmente, topológica y tópicamente), tras ella estaría la estructura urbana de la sociedad y, por último, la estructura social de las relaciones campo-ciudad. De ahí, la maraña resultante de determinaciones analíticas y parciales, y las dificultades de una concepción global. Aquí, como en otras partes, confluyen comúnmente *tres* términos cuyas relaciones conflictivas (dialécticas) se ocultan bajo la apariencia de oposiciones uno a uno. Tenemos el campo, la ciudad y la sociedad con el Estado que la dirige y domina, lo que no está exento de vínculos con la estructura de clases de esta sociedad. Contamos también, como se ha intentado demostrar, con los procesos generales (globales), con la ciudad como especificidad y nivel intermedio, así como con las relaciones de inmediatez vinculadas a una manera de vivir, de habitar y de modular lo cotidiano. Ello nos va a exigir ahora plantear definiciones más precisas de estos niveles, que no debemos separar ni confundir, pero cuyas articulaciones y desarticulaciones, proyecciones de lo uno sobre lo otro y diversas conexiones conviene mostrar.

El nivel más elevado se sitúa, a la vez, *por encima* de la ciudad y *en* la ciudad, lo cual no simplifica el análisis. La estructura social figura *en* la ciudad, en ella se hace sensible y significa un orden. Inversamente, la ciudad es un fragmento del conjunto social que permite ver a través suya a las instituciones e ideologías, ya que, al fin y al cabo, las contiene e incorpora en su materia sensible. Los edificios regios, imperiales, presidenciales «son» parte de la ciudad: la parte política, la que la convierte en capital política. Estos edificios no coinciden necesariamente con las instituciones ni con las relaciones sociales dominantes. Sin embargo, dichas relaciones actúan sobre ellos y representan la eficacia y la «presencia» sociales. En su nivel específico, la ciudad se convierte en reflejo de tales relaciones. Como ejemplo de esto, comprobamos que en París el orden social se representa a un nivel más elevado *en* y *por* el Ministerio del Interior, a un nivel específico en la Prefectura de Policía y también en las comisarías de barrio, sin olvidar los diversos entes policiales que actúan, bien sea a escala global, o bien de un modo invisible y subterráneo. La ideología religiosa se significa a escala superior en la catedral, en las principales sedes de la Iglesia y también en las iglesias, las parroquias y en las diversas entidades locales de la práctica religiosa institucionalizada.

A este nivel, la ciudad se manifiesta como un agrupamiento de entidades diferentes con su doble morfología: por una parte, práctico-sensible o material y, por otra, social. Posee un código de funcionamiento cuyo eje serían las instituciones particulares, como el ayuntamiento con sus servicios y sus problemáticas, sus canales de información, sus redes y su capacidad para tomar decisiones. Sobre este plano se proyecta la estructura social, lo que no excluye ni los fenómenos propios de una ciudad determinada ni las manifestaciones más diversas de la vida urbana. Paradójicamente, considerada a este nivel, la ciudad se compone de espacios inhabitados e incluso inhabitables: edificios públicos, monumentos, plazas, calles, vacíos de mayor o menor tamaño. Hasta ese punto hemos reconocido que «el hábitat» no constituye la ciudad y que la ciudad no puede definirse por esta función aislada.

A nivel ecológico, el *habitar* resulta esencial. La ciudad envuelve el *habitar*. Diremos que la ciudad es forma y envoltura de este lugar de vida «privada», punto de llegada de las redes que facilitan informaciones y transmiten órdenes, imponiendo al orden próximo el orden lejano.

Según lo visto, existen dos posibles enfoques. El primero va de lo más general a lo más particular, es decir, de las instituciones a la vida cotidiana, y descubre la ciudad como plano específico y como mediación relativamente privilegiada. El segundo parte de este plano y conduce a lo general, destacando aquellos elementos y significados observables en lo urbano. Esta forma de proceder tiene por objetivo lo «privado» y la vida cotidiana oculta, sus ritmos, sus ocupaciones, su organización espacio-temporal, su «cultura» clandestina y su existencia subterránea.

Existen diferentes niveles donde podemos detectar *isotopías*: espacio político, religioso, cultural, comercial, etc. Frente a esas isotopías, los otros niveles se definen como *heterotopías*. No obstante, en cada nivel se descubren oposiciones espaciales que se inscriben en la relación isotopía-heterotopía. Por ejemplo, la oposición entre el «habitar» colectivo y el «hábitat» de viviendas de unifamiliares. Los espacios insertos en el plano específico pueden clasificarse también según el criterio isotopía-heterotopía: la ciudad entera constituye la isotopía más extensa, englobando a las demás o, incluso, superponiéndose a ellas (a los subconjuntos espaciales a la vez subordinados y constitutivos). Esta clasificación de oposiciones no debe dejar a un lado el análisis de los niveles, ni el análisis del movimiento de conjunto, atendiendo a sus aspectos conflictivos (entre otros, las relaciones entre clases sociales). En el nivel ecológico, el del *habitar*, se constituyen conjuntos significativos, sistemas parciales de signos de los cuales «el mundo de viviendas unifamiliares» ofrece un caso particularmente interesante. La distinción de niveles, sin olvidar que cada nivel está en relación con niveles secundarios, tiene una utilidad superior en el análisis de relaciones esenciales, por ejemplo, para comprender cómo los valores «de la vivienda unifamiliar» en Francia se convierten en punto de referencia para la conciencia social y los «valores» frente a los otros tipos de vivienda. El análisis de las relaciones de inclusión-exclusión, de pertenencia o no pertenencia a un determinado espacio de la ciudad, es el único que permite abordar estos fenómenos que resultan fundamentales para su teorización.

En el plano concreto, la ciudad puede dominar las significaciones políticas, religiosas y filosóficas existentes. Las asume para *nombrarlas*, para *exponerlas* por vía —o voz— de los edificios, monumentos y también a través de las calles y plazas, los vacíos, la teatralización espontánea, los encuentros que en ellos se desarrollan, sin olvidar las fiestas y las ceremonias (con los lugares cualificados y apropiados). Junto a la escritura se encuentra la palabra de lo urbano, la cual resulta aún más importante. Estas palabras nombran la vida y la muerte, la dicha o la desgracia. La ciudad tiene esta capacidad que la convierte en un conjunto significativo. Sin embargo, retomando una advertencia realizada anteriormente, la ciudad no realiza esta tarea sin imponer contraprestaciones. Tampoco se exige que sea de otro modo. El esteticismo, fenómeno en decadencia, llega tarde. ¡Al igual que el urbanismo! La ciudad transmite sus órdenes en forma de significaciones, de simultaneidad y encuentros y, finalmente, en forma de un lenguaje y una escritura «urbanos». El orden lejano se proyecta en el orden próximo. Este orden lejano no es nunca o casi nunca unitario. Existe también un orden religioso, un orden político y un orden moral. Cada uno de ellos se sustenta en una ideología, con las consecuencias políticas que ello conlleva. Entre estos órdenes, la ciudad alcanza en su plano la unidad o, más bien, un sincretismo. Disimula y oculta sus rivalidades y conflictos al hacerlos necesarios. Los traduce en *consignas* de acción y en horarios. Estipula (significa) con el horario una jerarquía minuciosa de los lugares, de los instantes, de las ocupaciones, de las personas. Además, la ciudad refleja estos imperativos en un estilo original, si admitimos que existe vida urbana original. Nos referimos a un estilo que se caracteriza como *arquitectónico* y que deriva del arte y del estudio de las obras de arte.

Así pues, la semiótica de la ciudad tiene un interés superior tanto teórico como práctico. La ciudad emite y recibe mensajes. Estos mensajes se comprenden o no se comprenden, se codifican y decodifican o no lo hacen. Puede, pues, ser captada a partir de los conceptos procedentes de la lingüística: significante y significado, significación y sentido. Sin embargo, solo con las mayores reservas y precauciones puede considerarse la ciudad como un *sistema* único de significaciones y sentidos y, por tanto, de valores. En la ciudad, como en tantas otras cosas, hay *varios sistemas* o, si se prefiere, *varios subsistemas*. Es más, la semiótica no agota la realidad práctica e ideológica de la ciudad. La teoría de la ciudad como sistema de significaciones tiende hacia una ideología, separa *lo urbano* de su base morfológica, de la práctica social, al reducirlo a una relación «significante-significado» y al extrapolarlo a partir de significaciones realmente percibidas. Esta teoría adolece de una gran ingenuidad. Aunque el pueblo bororo cuente con un significado concreto y aunque la ciudad griega esté cargada de sentido, ¿vamos a construir vastos pueblos bororos llenos de signos de modernidad?, o bien ¿vamos a restituir el ágora con su sentido en el centro de la ciudad nueva?

El fetichismo de la relación formal «significante-significado» conlleva objeciones aún más graves. Asume pasivamente la ideología del consumo dirigido o, peor aún, contribuye a ella. En la ideología del consumo y en el consumo «real», el consumo de *signos* desempeña un papel cada vez mayor. El fetichismo no suprime el consumo de espectáculos «puros», sin actividad, sin participación, sin obra ni producto. El consumo se incorpora y se superpone como una sobredeterminación. Ello permite que la publicidad de bienes de consumo se convierta en el principal bien de consumo y tienda a incorporarse al arte, a la literatura, a la poesía, suplantándolos y utilizándolos como meras retóricas. De este modo, se convierte en la ideología misma de esta sociedad. Cada «objeto», cada «bien», se desdobla en una realidad y en una imagen que, a su vez, constituye parte esencial del consumo. Se consumen signos al igual que objetos: signos de felicidad, de satisfacción, de poder, de riqueza, de ciencia y de tecnología. La producción de estos signos se integra en la producción global y desempeña un papel integrador fundamental respecto a las otras actividades sociales productoras u organizadoras. El signo se compra y se vende y el lenguaje se convierte en valor de cambio. Las significaciones de esta sociedad son así entregadas al consumo bajo la apariencia de signos y significados genéricos. Por ende, quien concibe la ciudad y la realidad urbana como sistema de signos implícitamente las está entregando al consumo como objetos completamente consumibles, como valor de cambio en estado puro. Esta teoría, al transformar los lugares en signos y valores y lo práctico-sensible en significaciones formales, transforma también a quien así lo percibe en simple consumidor de signos. El París *bis* o el *tercer* París concebidos por los promotores acaso no sean otra cosa que centros de consumo, promovidos en un nivel superior por la intensidad del consumo de signos. La semiótica urbana corre el riesgo de ponerse al servicio del consumo si llega a perder su ingenuidad.

Y es que el análisis semiótico debe distinguir múltiples niveles y dimensiones. Tendríamos así la *palabra* de la ciudad: lo que ocurre y transcurre en la calle, en las plazas, en los vacíos, lo que allí se dice. Tendríamos también la *lengua* de la ciudad: las particularidades de esta ciudad expresadas en los discursos, en los gestos, en los vestidos, en las palabras y en su empleo por parte de los habitantes. Tendríamos, asimismo, el *lenguaje urbano*, al que podemos considerar como un lenguaje de connotaciones, como un sistema secundario que acaba inserto en el sistema denotativo, por emplear aquí la terminología de Hjelmslev y Greimas. Por último, tendríamos la *escritura de la ciudad*: lo que se inscribe y prescribe en sus muros, en la disposición de los lugares y en la unión entre ellos, en resumen, el *empleo del tiempo* en la «ciudad de los habitantes».

El análisis semiótico debe distinguir además, en primer lugar, el nivel de los *semantemas* o elementos significantes, como las líneas rectas o curvas, los grafismos, las formas elementales de las entradas, las puertas y ventanas, los rincones y los ángulos; en segundo lugar, el nivel de los *morfemas* u objetos significantes, como inmuebles y calles; y, por último, el nivel de los conjuntos significantes o *superobjetos*, es decir, la ciudad misma.

Habría que estudiar cómo se significa la globalidad desde una semiótica del *poder*; cómo se significa la ciudad a partir de una semiótica propiamente *urbana*; y, finalmente, cómo se significan las maneras de vivir y habitar desde una *semiología de la vida cotidiana*, del habitar y del hábitat. No debemos confundir la ciudad que capta y expone las significaciones procedentes de la naturaleza, del país y del paisaje (por ejemplo, un árbol) con la ciudad como lugar de consumo de signos. Ello equivaldría a confundir la fiesta con el consumo ordinario.

No olvidemos las diferentes *dimensiones* existentes. La ciudad tiene una dimensión *simbólica*, es decir, tiene monumentos, pero también vacíos, plazas y avenidas, que simbolizan el cosmos, el mundo, la sociedad, los intereses y el Estado. Tiene una dimensión *paradigmática* que implica y muestra oposiciones: el dentro y el fuera, el centro y la periferia, lo integrado en la sociedad urbana y lo no integrado. Posee, finalmente, una dimensión *sintagmática*: unión de elementos, articulación de isotopías y heterotopías.

La ciudad concreta, teniendo en cuenta su capacidad para proyectar y exponer los otros subsistemas, y mostrarse como un «mundo», como una totalidad única dentro de la ilusión de lo inmediato y lo vivido, se presenta como subsistema privilegiado. Aquí residen precisamente el encanto y las tonalidades propias de la vida urbana. Pero el análisis echa abajo esa impresión y revela la existencia de varios sistemas ocultos tras la ilusión de unidad. El analista no puede permitirse el lujo de hacer suya esta ilusión y consolidarla. Por ello, se mantiene en el plano de *lo urbano*, en lugar de discernir las particularidades de un conocimiento más extenso.

Todavía no hemos terminado el inventario de los subsistemas de significaciones y, por consiguiente, de lo que el análisis semiótico puede aportar al conocimiento de la ciudad y de lo urbano. Si atendemos a los sectores de viviendas unifamiliares y a los «nuevos conjuntos», sabremos ya que cada uno de ellos constituye un sistema parcial de significaciones y que, a partir de su oposición, emerge otro sistema que los sobredetermina. Ello permite percibir y concebir a los habitantes de las viviendas unifamiliares a través del imaginario del hábitat y, asimismo, permite que los «conjuntos» establezcan la lógica del hábitat y se perciban según esta racionalidad impuesta. Al mismo tiempo, el sector de viviendas unifamiliares se convierte en el punto de referencia por el que se aprecian el hábitat y la cotidianidad, a los que la práctica reviste del imaginario y de signos.

Entre los sistemas de significaciones se debería estudiar con mayor atención crítica aquel de los *arquitectos*. Sucede con frecuencia que individuos con talento piensan que están creando desde el conocimiento y la experiencia cuando simplemente se sitúan en un sistema de grafismos, de proyección sobre el papel y de visualizaciones. Al tender los arquitectos hacia un sistema de significaciones al que con frecuencia llaman «urbanismo», no es imposible que los analistas de la realidad urbana, que recaban los datos fragmentarios de los arquitectos, configuren un sistema de significaciones un tanto diferente, al que también denominan urbanismo, y cuya programación confían a las máquinas.

El análisis crítico diluye el privilegio de lo vivido en la sociedad urbana. Lo vivido es únicamente un «plano», un nivel. Sin embargo, el análisis no hace desaparecer este plano. Existe del mismo modo que existe un libro. ¿Quién lee este libro abierto? ¿Quién recorre esta escritura? No es un «tema» bien definido y, sin embargo, una sucesión de actos y encuentros sobre este mismo plano conforma la vida urbana o *lo urbano*. Esta vida urbana intenta que los mensajes, las órdenes, las presiones procedentes de altas instancias se vuelvan contra ellas mismas. Intenta *apropiarse* del tiempo y el espacio, rompiendo con el dominio que estos establecen, apartándolos de su objetivo, cortocircuitándolos. Asimismo interviene en la ciudad y en la manera de habitar, más o menos. *Lo urbano* sería así, más o menos, obra de los ciudadanos en lugar de imponerse a ellos como un sistema: como un libro ya terminado.

8. Ciudad y campo

Una cuestión de la que se ha hecho uso y abuso mediante redundancias y extrapolaciones es la de la «naturaleza» y la «cultura», que deriva de la relación campo-ciudad y la falsea. Y es que para entenderla debemos tener en cuenta tres términos concretos, al igual que ocurre, por otra parte, en la realidad actual: ruralidad, tejido urbano y centralidad. El vínculo dialéctico entre estos términos es ocultado bajo la oposición uno a uno, aunque, a su vez, esta oposición es la que lo hace emerger. La *naturaleza* como tal escapa al empuje de la acción racionalmente buscada, tanto en lo que se refiere al dominio como a la apropiación. Dicho con más precisión, la naturaleza permanece fuera de ese empuje. «Es» lo que huye, y solo puede ser alcanzada mediante lo imaginario. Y es que al buscarla se pierde en el cosmos o en las profundidades subterráneas del mundo. El *campo*, por su parte, es el lugar de la producción y de las obras. La producción agrícola da como resultado un producto mientras que el paisaje es ya en sí mismo una obra. Esta obra emerge de una tierra lentamente moldeada, vinculada en origen a grupos que la ocupan a través de una sacralización recíproca. Más adelante, esta sacralización sería profanada por la ciudad y por la vida urbana, las cuales, a lo largo de distintas épocas, capturan, condensan y, finalmente, disuelven dicha sacralización inscribiéndola en la racionalidad. ¿De dónde proviene esta antigua consagración del suelo por parte de tribus, pueblos y naciones? ¿De la oscura y amenazadora presencia-ausencia de la naturaleza? ¿De la ocupación del suelo que excluye a los extranjeros? ¿O proviene de la pirámide social, que tiene su base en este suelo y que exige múltiples sacrificios para el mantenimiento de ese edificio amenazado? Lo uno no anula a lo otro. Lo esencial es el movimiento complejo mediante el cual la ciudad política recurre al carácter sagrado-demoníaco del suelo, con el objetivo de que la ciudad económica-comercial lo profane.

La vida urbana comprende mediaciones originales entre la ciudad, el campo y la naturaleza. Así ha sucedido en las aldeas a lo largo de la historia y en la actualidad, cuya relación con la ciudad dista de ser enteramente conocida. Así también sucede en los parques, jardines y estanques. Estas mediaciones no se comprenden sin los simbolismos y *representaciones* ideológicos e imaginarios de la naturaleza y del campo realizados por parte de los ciudadanos.

La relación campo-ciudad ha cambiado profundamente a lo largo del tiempo histórico, según las épocas y los modos de producción. Unas veces ha estado marcada por un conflicto radical, otras ha sido pacífica e incluso guiada por un vínculo estable. Aunque es cierto que en un mismo periodo se manifiestan relaciones muy diferentes. Así, durante el feudalismo en Occidente, el señor feudal amenazaba a la ciudad renacentista en la cual los mercaderes habían encontrado un punto donde confluir, un puerto donde atracar, así como el lugar desde el cual desarrollar sus estrategias. La ciudad responde a la acción del señor feudal dando lugar a la lucha de clases, ya latente y violenta. La ciudad se libera, pero no deja de estar integrada en una estructura determinada: la que pasa del señorío feudal al Estado monárquico, del cual es, en realidad, pieza fundamental.

Por el contrario, en la misma época, y siempre que sea factible hablar de feudalismo islámico, el «señor» gobernaba ya sobre la ciudad artesana y comerciante y, claro es, sobre el campo que la circundaba, frecuentemente reducido a huertos, cultivos exiguos y limitados. En una relación de este tipo no hay germen ni posibilidad de que emerja una lucha de clases. Lo que inicialmente priva a esta estructura social de dinamismo y porvenir histórico, le confiere después las posibilidades de una exquisita urbanidad. La lucha de clases, creadora, productora de obras y de relaciones nuevas no se libra de una cierta barbarie que marcará a Occidente, incluidas las más «bellas» de sus ciudades.

En la actualidad, la relación campo-ciudad se transforma, lo cual constituye un aspecto clave de una mutación más general. En los países industriales, la antigua explotación del campo circundante por parte de la ciudad, en cuanto que centro de acumulaciones de capital, cede lugar a formas más sutiles de dominación y explotación. La ciudad se convierte así en centro de decisión y, aparentemente, en centro de reunión. En cualquier caso, la ciudad en expansión se lanza sobre el campo y, progresivamente, lo corroe y lo disuelve. Si bien este proceso no está exento de los paradójicos efectos antes señalados. La vida urbana penetra en la vida campesina desposeyéndola de sus elementos tradicionales: el artesanado, los pequeños centros que desaparecen en beneficio de los centros urbanos (comerciales e industriales, redes de distribución y centros de decisión). Los pueblos se ruralizan perdiendo lo específicamente campesino. Adaptan sus ritmos a los de la ciudad, pero a veces resisten y se repliegan ferozmente sobre sí.

El tejido urbano, compuesto de redes más o menos distantes, ¿acabará por cubrir con sus filamentos todo el territorio de los países industrializados? ¿Se producirá, de este modo, la superación de la antigua oposición campo-ciudad? Cabe imaginarlo, aunque no sin una reserva crítica. Si se denomina así a una confusión generalizada en la que el campo se pierde en el seno de la ciudad y la ciudad absorbe al campo extraviándose en él, esta confusión puede refutarse teóricamente. La teoría refuta toda estrategia basada en esta concepción del tejido urbano. Los geógrafos han encontrado un neologismo, que ya ha sido asumido, para designar esta confusión: *lo rururbano*. En esta hipótesis, la expansión de la ciudad y de la urbanización haría desaparecer lo urbano (la vida urbana), afirmación que no resulta admisible. Dicho de otro modo, la superación de la oposición no puede concebirse como una neutralización recíproca. Ninguna razón teórica permite admitir la desaparición de la centralidad a partir de la fusión de la sociedad urbana con el campo. La oposición «ruralidad-urbanidad» se acentúa en lugar de desaparecer, mientras se atenúa la oposición campo-ciudad. Por tanto, vemos un desplazamiento de la oposición y del conflicto. Por si fuera poco, como es sabido, el conflicto campo-ciudad está lejos de resolverse a escala mundial. Si admitimos que la separación y la contradicción campo-ciudad (que envuelve la oposición de los dos términos sin reducirla a ellos) se inserta en la división del trabajo social, será preciso admitir también que esta división no está superada ni resulta estable. Como tampoco lo es la separación entre naturaleza y sociedad, entre lo material y lo intelectual (espiritual). En la actualidad, la superación ha de efectuarse forzosamente partiendo de la oposición entre tejido urbano y centralidad. Ello supone la invención de nuevas formas urbanas.

Por lo que respecta a los países industriales, es lícito concebir una realidad de ciudades policéntricas, de centralidades diferenciadas y renovadas e incluso centralidades móviles, por ejemplo, a nivel cultural. La crítica del urbanismo en cuanto que ideología puede dirigirse a una u otra concepción de la centralidad, por ejemplo, a la identificación entre *lo urbano* y los centros de decisión e información. La pauta señala no quedarse ni con la ciudad tradicional, separada del campo para dominarlo mejor, ni con una megalópolis sin forma ni «tejido», sin trama ni sistema. La desaparición de la centralidad no se impone ni a través de la teoría ni a través de la práctica. De este modo, queda plantear una cuestión: ¿a qué formas sociales y políticas y a qué teoría se confiará la realización sobre el terreno de una centralidad y un tejido renovados y liberados de sus degradaciones?

9. En las proximidades del punto crítico

A modo de hipótesis, tracemos de izquierda a derecha un eje desde la *urbanización cero*, es decir, la inexistencia de la ciudad, el predominio total de la vida agraria, de la producción agrícola y del campo, hasta alcanzar la *urbanización cien por cien*, esto es, la absorción del campo por la ciudad y la generalización total de la producción industrial incluso en la agricultura. Este esquema abstracto deja momentáneamente en suspenso las discontinuidades existentes. En cierta medida, esto nos permitirá situar los puntos críticos, es decir, los cortes y discontinuidades. Sin demora pasamos a señalar sobre el eje, bastante cerca del punto de partida, la ciudad política (realizada en la práctica y que se mantiene en un modo de producción asiático) que organiza y domina el entorno agrario. Un poco más lejos, marcaremos la aparición de la ciudad comercial, que comienza situando el comercio en la periferia (heterotopía de los arrabales, ferias y mercados, lugares asignados a los metecos, a los extranjeros dedicados al intercambio) y que a continuación acoge el mercado, lo que supone su integración en una estructura social fundada sobre el intercambio, las comunicaciones amplificadas, el dinero y la riqueza mobiliaria. Seguidamente, vendría un punto crítico decisivo en el que la importancia de la producción agrícola retrocede ante la importancia de la producción artesana e industrial, la importancia del mercado, del valor de cambio y del capitalismo naciente. Ese punto crítico se sitúa aproximadamente en la Europa occidental del siglo XVI. Muy cerca está la llegada de la ciudad industrial y sus consecuencias: éxodo de poblaciones campesinas desposeídas y desagregadas y, por ende, periodo de grandes concentraciones urbanas. La sociedad urbana se anuncia mucho tiempo después de que la sociedad en su conjunto haya basculado hacia el lado de lo urbano, es decir, de la dominación urbana. Viene entonces el periodo en el que la ciudad se expande, produce periferias lejanas (arrabales) e invade el campo. Paradójicamente, en este periodo en que la ciudad se extiende desmesuradamente, la forma de la ciudad tradicional (morfología práctico-sensible o material, forma de la vida urbana) acaba estallando. El doble proceso de industrialización-urbanización produce un doble movimiento: explosión-implosión o, dicho de otro modo, dispersión-condensación. La problemática actual de la ciudad y la realidad urbana (de lo urbano) se sitúa, por tanto, alrededor de este punto crítico.

Utilizando una metáfora, podemos decir que los fenómenos que se desarrollan en torno a la situación de crisis no son de menor complejidad que los fenómenos físicos que se producen cuando se atraviesa la barrera del sonido. Por analogía se podría también considerar lo que acontece cerca del punto de inflexión de una curva. Con el objetivo de analizar la proximidad del punto crítico, se ha intentado anteriormente reunir el material conceptual indispensable. El conocimiento que descuide esta situación caerá en la especulación ciega o en la especialización miope.

Ciudad política	Ciudad Comercial	Ciudad industrial	Punto crítico
		doble proceso (industrialización y urbanización)	

Un emplazamiento erróneo de los puntos críticos, cortes y lagunas, podría acarrear consecuencias tan graves como la negligencia organicista, evolucionista o continuista. En la actualidad, tanto el pensamiento sociológico y la estrategia política como la reflexión llamada urbanística tienden a saltar del nivel del hábitat y del habitar (el nivel ecológico, el del alojamiento, el del inmueble, el del entorno, y, por consiguiente, competencia del arquitecto) al nivel general (escala de la ordenación del territorio, de la producción industrial planificada, de la urbanización global), pasando por la ciudad y lo urbano. De este modo, dejamos en suspenso temporal la mediación y omitimos el nivel específico. ¿Por qué? Por razones profundas, que provienen sobre todo del desconocimiento del punto crítico.

La planificación racional de la producción, la ordenación del territorio, la industrialización y la urbanización global son, todos ellos, aspectos esenciales de la «socialización de la sociedad». Detengámonos un instante en estas palabras. La tradición marxista con tintes reformistas las emplea para designar la creciente complejidad de la sociedad y de las relaciones sociales, la ruptura de los compartimentos, la multiplicidad creciente de conexiones, comunicaciones e informaciones, así como el aumento de la división técnica y social del trabajo que supone una nueva concentración de las distintas líneas de la industria, de las funciones del mercado y de la misma producción. Esta afirmación incide en el *intercambio* y en los lugares de intercambio, incide en la cantidad de intercambios económicos y deja de lado la cualidad, esto es, la diferencia esencial entre valor de uso y valor de cambio. Desde esta perspectiva, los intercambios de mercancías y bienes de consumo nivelan los intercambios directos, a los que imponen su ritmo: las comunicaciones que no pasan a través de redes constituidas, a través de las instituciones, es decir, en el nivel «inferior», las relaciones inmediatas y, en el nivel «superior», las relaciones políticas que resultan del conocimiento. Al continuismo reformista le responde la tesis de la discontinuidad y del voluntarismo revolucionario radical: para que el carácter social del trabajo productivo anule las relaciones de producción vinculadas a la propiedad privada de estos medios de producción, se impone una ruptura, un nuevo concepto. Sin embargo, las tesis de la «socialización de la sociedad», que son interpretación evolucionista, continuista y reformista, adquieren otro sentido si se observa que estas palabras designan –mal, de un modo incompleto– *la urbanización de la sociedad*. La multiplicación y la creciente complejidad de los intercambios, en el sentido amplio del término, no pueden continuar sin la existencia de lugares y momentos privilegiados, sin que estos lugares y momentos de encuentros se liberen de las presiones del mercado, sin que la ley del valor de cambio sea controlada y sin que se modifiquen las relaciones que condicionan el beneficio. Hasta ese momento, la cultura se había disuelto y convertido en objeto de consumo, en oportunidad de obtener beneficio y en producción para el mercado. Lo «cultural» oculta varias trampas. La interpretación revolucionaria no ha tenido en cuenta todos estos elementos novedosos. ¿No pudiera, quizás, suceder que, al definir más rigurosamente las relaciones entre industrialización y urbanización en la situación de crisis, es decir, próximas al punto crítico, estuviéramos contribuyendo a superar la contradicción del continuismo y del discontinuismo de lo absoluto, del evolucionismo reformista y de la revolución total? Si pretendemos ir más allá del mercado, de la ley del valor de cambio, del dinero y del beneficio, será preciso situar el lugar de esta posibilidad: hablamos de la sociedad urbana, de la ciudad como valor de uso.

La paradoja de esta situación crítica, que se convierte en punto clave del problema por tratar, es que la crisis de la ciudad tiene una dimensión mundial. Esta crisis es pensada como una cuestión dominante del proceso de mundialización, al mismo nivel que la técnica y que la organización racional de la industria. Sin embargo, las causas prácticas y las razones ideológicas de la crisis varían según los regímenes políticos, según las sociedades e, incluso, según los países implicados. Un análisis crítico de estos fenómenos solo podría legitimarse comparativamente, pero, sin embargo, faltan muchos elementos para realizar esta comparación. En los países en vías de desarrollo –desiguales entre sí–, en los países capitalistas altamente industrializados, así como en los países socialistas –también ellos desigualmente desarrollados–, la ciudad estalla morfológicamente. La forma tradicional de la sociedad agraria cambia de un modo distinto según los casos. En una serie de países escasamente desarrollados, el chabolismo es un fenómeno frecuente, mientras que en los países altamente industrializados se da una proliferación de la ciudad a través de tejidos urbanos, de suburbios, de zonas residenciales, con su problemática relación con la vida urbana.

¿Cómo agrupar, pues, elementos tan dispares? Las dificultades de la administración federal en Estados Unidos, sus conflictos con las comunidades locales, las diversas modalidades de «gobierno urbano» repartido entre el *manager*, el *boss* político, el alcalde y su equipo municipal, no pueden entenderse de la misma manera que los conflictos de poder (de administración y jurisdicción) existentes en Europa, en general, y en Francia, en particular. Aquí, la industrialización y sus consecuencias asedian a núcleos urbanos de época precapitalista o preindustrial hasta hacerlos estallar. En Estados Unidos, el núcleo urbano apenas existe en algunas ciudades privilegiadas. Sin embargo, las comunidades locales tienen garantías jurídicas mayores y poderes más extensos que en Francia, donde la centralización monárquica se opuso desde muy pronto a estas «libertades» urbanas. En Europa, como en otros sitios, los problemas existentes –a la vez diferentes y comparables– no pueden ser atribuidos al mero crecimiento cuantitativo de las ciudades o a simples cuestiones de circulación. Aquí y allá, y se mire como se mire, la sociedad en su conjunto es cuestionada. La sociedad «moderna» ocupada sobre todo (a través de las ideologías y de los hombres de

Estado) en desarrollar la industria y de organizar la empresa, se muestra incapaz de aportar soluciones a la problemática urbana y de actuar de otro modo que no sea mediante pequeñas soluciones técnicas, que no hacen sino prolongar la situación actual. En todas partes, la relación entre los tres niveles aquí mencionados y analizados se vuelve confusa y conflictiva, elemento dinámico de la contradicción cambiante según el contexto sociopolítico. En los países denominados «en vías de desarrollo», la disolución de la estructura agraria empuja a campesinos desposeídos, arruinados y ávidos de cambio hacia las ciudades. Las chabolas les esperan, actuando como mediación (insuficiente) entre el campo y la ciudad, entre la producción agrícola y la industria. Estas áreas a menudo se consolidan y ofrecen un sucedáneo de vida urbana, miserable pero intensa para los allí albergados. En otros países, en particular en los países socialistas, el crecimiento urbano planificado atrae a las ciudades la mano de obra reclutada en el campo. Esto va a explicar la superpoblación, la construcción de barrios o «zonas» residenciales, cuyo vínculo con la vida urbana no siempre resulta evidente. En resumen, nos encontramos ante una crisis mundial de la agricultura y de la vida campesina tradicional que acompaña, subyace y agrava a una crisis mundial de la ciudad tradicional. Se produce, pues, una transformación a escala planetaria. El viejo «animal rural» y el animal urbano (Marx), simultáneamente, desaparecen. ¿Pero dejan lugar al «hombre»? Este es el problema esencial. La mayor dificultad, tanto teórica como práctica, deriva de la imposible urbanización de la sociedad industrializada sin que se produzca el estallido de lo que todavía denominamos como «ciudad». Puesto que la sociedad urbana se constituye sobre las ruinas de la ciudad,

¿cómo captar los fenómenos en su totalidad y con sus múltiples contradicciones? He aquí el *punto crítico*. La distinción de los tres niveles (proceso global de industrialización y urbanización, sociedad urbana y plano específico de la ciudad y, finalmente, modalidades del hábitat y modalidades de lo cotidiano dentro de lo urbano) tiende a diluirse, como se diluye la distinción campo-ciudad. Sin embargo, la distinción de los tres niveles resulta más pertinente que nunca para evitar confusiones y malos entendidos, a fin de combatir las estrategias que encuentran en esta coyuntura una ocasión favorable para disolver lo urbano en la planificación industrial o en la residencial.

Efectivamente, esta ciudad que atraviesa tantas vicisitudes y metamorfosis, desde sus núcleos arcaicos aún cercanos a la estructura del pueblo, es una forma social admirable, la obra por excelencia de la praxis y la civilización, se deshace y rehace ante nuestros ojos. Inicialmente, los problemas de la ciudad quedaron ocultos –y aún lo están– por el problema del alojamiento en el marco del crecimiento industrial. Los estrategas políticos, atentos sobre todo a lo inmediato, ven poco más allá de este problema. Cuando los problemas de conjunto emergen con el nombre de *urbanismo* son subordinados a la organización general de la industria. La ciudad, atacada a la vez desde arriba y desde debajo, se acomoda a las condiciones de la empresa industrial, figura como un mero engranaje dentro de la planificación y pasa a ser un dispositivo material con capacidad de organizar la producción, a controlar tanto la vida cotidiana de los productores como el consumo de los productos. Relegada, pues, al rango de medio, amplía su radio de acción a los consumidores y al consumo. Sirve para regular y ajustar la producción de mercancías y la destrucción de los productos mediante la actividad devoradora que se denomina «consumo». La ciudad, que solo tenía y tiene sentido como obra, como fin, como lugar de goce libre y como campo del valor de uso, es expuesta a presiones y a imperativos de «equilibrio» bajo condiciones explícitamente restrictivas. Se convierte simplemente en el instrumento de una urbanización que, por otra parte, no logra consolidarse a pesar de incidir en sus condiciones de estabilidad y equilibrio. En este orden, las necesidades individuales enumeradas y prescritas son satisfechas mediante la aniquilación de los objetos ofrecidos, cuya probabilidad de duración (la obsolescencia) es a su vez elemento de estudio. La razón tuvo en la ciudad su lugar de nacimiento, su sede y su hogar. La urbanidad se afirmaba en la razón frente a una ruralidad, a una vida campesina presa de la naturaleza, de la tierra sacralizada y llena de fuerzas oscuras. Hoy, la racionalidad se encuentra (o parece encontrarse, o pretende encontrarse) lejos de la ciudad, más allá de ella, a una escala territorial nacional o continental. Se rechaza la ciudad como momento, como elemento, como condición y solo se admite como recurso y como dispositivo sobre el que operar. En Francia y en otros países, tanto el racionalismo burocrático del Estado como el racionalismo de la organización industrial, apoyado en las exigencias de la gran empresa, van en esta dirección. Simultáneamente, se impone un funcionalismo simplificador y unos marcos sociales que desbordan lo urbano. Bajo pretexto de un orden, el organismo desaparece y el organicismo filosófico aparece como modelo ideal. La ordenación de «zonas» y «áreas» urbanas se reduce a una yuxtaposición de espacios, de funciones y de elementos sobre el terreno. Sectores y funciones quedan estrechamente subordinados a los centros de decisión. La homogeneidad termina con las diferencias procedentes de la naturaleza (sitio), del entorno campesino (territorio y terruño) y de la historia. La ciudad, o lo que de ella queda, es construida o remodelada como si se tratara de una suma o combinación de elementos. Y, sin embargo, desde el momento en que esto se concibe, percibe y prevé como tal, no se comprende bien y las diferencias se pierden en la visión del conjunto. De manera que, por mucho que se busque racionalmente la diversidad, estas diversidades aparecen cubiertas por un velo de monotonía que terminará con ellas, tanto si se habla de alojamientos, como de inmuebles, de centros denominados urbanos o de áreas organizadas. Lo urbano, no concebido como tal, sino atacado por todos los frentes, corroído y roído, ha ido perdiendo los rasgos y características de la obra, de la apropiación. En un estado de dislocación permanente las restricciones son lo único que se proyecta sobre el terreno. En lo que respecta a la vivienda, la fragmentación y disposición de la vida cotidiana, el uso masivo del automóvil (medio de transporte «privado»), la movilidad (por lo demás, limitada e insuficiente) y la influencia de los *mass-media* han desgajado a individuos y grupos (familias, cuerpos organizados) del espacio y del territorio. Las relaciones de vecindad se atrofian, el barrio se desmorona, las personas (los «habitantes») se desplazan por un espacio que tiende a la isotopía geométrica, lleno de consignas y señales donde no tienen ya importancia las diferencias cualitativas de los lugares o de los instantes. El proceso de disolución de las antiguas formas ciertamente es inevitable. Sin embargo, esto provoca el escarnio, la miseria mental y social y la pobreza de la vida cotidiana, puesto que nada ha reemplazado a los símbolos, las apropiaciones, los estilos, los monumentos, los tiempos y ritmos, los espacios de calidad y diferentes de la ciudad tradicional. La sociedad urbana, a través de la disolución de una ciudad que es sometida a presiones que no puede soportar, tiende, pues, a diluirse en la ordenación planificada del territorio, en un «tejido urbano» determinado por las presiones de la circulación, y, por otra parte, en unidades de viviendas como las ya citadas áreas de viviendas unifamiliares o los «grandes conjuntos». La extensión de la ciudad produce la periferia y, más tarde, la periferia engulle el núcleo urbano. Digamos que los problemas se han invertido, cuando no resultan desconocidos. ¿No sería más coherente, más racional y más grato ir a trabajar a los suburbios y habitar en la ciudad, en vez de ir a trabajar a la ciudad, habitando en un suburbio poco habitable? La gestión centralizada de las «cosas» y de la «cultura» intenta prescindir del escalón intermedio que es la ciudad. Es más, el Estado, los centros de decisión y los poderes ideológicos, económicos y políticos son incapaces de tratar sin una creciente desconfianza esta forma social que tiende a la autonomía, que vive en su especificidad, que se interpone entre ellos y «el habitante», trabajador productivo, obrero o no, pero hombre y ciudadano al mismo tiempo. ¿Cuál es, desde hace un siglo, la esencia de la ciudad para el poder? Ser fermento lleno de actividades sospechosas, de delincuencias y hogar de agitación. El poder estatal y los grandes intereses económicos difícilmente pueden concebir una estrategia mejor que la de devaluar, degradar y destruir la sociedad urbana. En los procesos en curso, encontraríamos determinismos, estrategias, espontaneidades y actos implicados. Las contradicciones subjetivas e ideológicas, las inquietudes «humanistas» dificultan pero no detienen las acciones estratégicas. La ciudad impide el intento de manipular a su antojo a ciudadanos, individuos, grupos y cuerpos. Por ende, la crisis de la ciudad se vincula no a la racionalidad misma, definible a partir de la tradición filosófica, sino a unas formas determinadas de racionalidad: estatal y burocrática, económica o, mejor aún, «economicista» (encontrando en el economicismo una ideología dotada de su preceptivo aparato). Esta crisis de la ciudad va acompañada en todas partes y en mayor o menor grado de una crisis de las instituciones urbanas (municipales) debida a la doble presión del Estado y de la empresa industrial. Unas veces el Estado, otras la empresa y en ocasiones los dos (rivales competitivos, pero a menudo asociados) tienden a acaparar las funciones, atributos y prerrogativas de la sociedad urbana. En algunos países capitalistas, la empresa «privada» solo deja al Estado, a las instituciones, en definitiva, a los organismos «públicos», aquello que rechaza asumir a su cargo al resultar demasiado oneroso.

En cualquier caso, frente a este cuestionable fundamento, la sociedad urbana y *lo urbano* persisten e incluso se potencian. Las relaciones sociales continúan ganando en complejidad, multiplicándose e intensificándose, a través de las contradicciones más dolorosas. La forma de lo urbano, su razón suprema, a saber, la simultaneidad y la confluencia, no pueden desaparecer. La realidad urbana, en el seno mismo de su fragmentación, persiste y se reconoce en los centros de decisión e información. Los habitantes (¿cuáles?, ¡encomendamos la respuesta a investigaciones e investigadores!) reconstruyen los centros, utilizan los lugares para aun las más sencillas formas de encuentro. El uso, el valor de uso de los lugares, de los monumentos y de las diferencias, escapa a las exigencias del intercambio, del valor de cambio. Este es un gran juego que transcurre ante nuestros ojos, con episodios diversos cuyo sentido no es siempre evidente. La satisfacción de las necesidades elementales no llega a acallar la insatisfacción de los deseos fundamentales. *Lo urbano*, al mismo tiempo que lugar de encuentro y convergencia de comunicación e información, se convierte en lo que siempre fue, es decir, lugar de deseo y desequilibrio permanente, sede de la disolución de normas y restricciones, momento de lo lúdico y de lo imprevisible. Ese momento llega, bajo las terribles presiones de una racionalidad que a su vez se identifica con lo absurdo, hasta la implosión-explosión de las violencias latentes. De esta situación nace la contradicción crítica: una tendencia a la destrucción de la ciudad, una tendencia a la intensificación de lo urbano y de la problemática urbana.

Este análisis crítico requiere de un complemento decisivo. No es equívoco atribuir la crisis de la ciudad a una racionalidad rígida, al productivismo, al economicismo, a la centralización planificadora preocupada sobre todo del crecimiento y a la burocracia estatal y empresarial. Sin embargo, este punto de vista no llega a superar completamente el horizonte del racionalismo más clásico, el del humanismo liberal. Es preciso ir más allá, proponiendo la forma de una sociedad urbana nueva, fortaleciendo el germen de *lo urbano*, que se sitúa en las grietas del orden planificado y programado. Si se desea concebir un «hombre urbano» que no se parezca ya a las imaginerías del humanismo clásico, la elaboración teórica deberá afinar los conceptos. Hasta hoy, ni en la teoría ni en la práctica el doble proceso de industrialización y de urbanización ha logrado ser sometido. La enseñanza de Marx y del pensamiento marxista –incompleto– se ha minusvalorado. Para el mismo Marx, la industrialización contenía en sí su finalidad, su sentido. Ello ha dado lugar, por ende, a la disociación del pensamiento marxista entre economicismo y filosofismo. Marx no mostró (en su época no podía hacerlo) que la urbanización y *lo urbano* poseyeran *el sentido* de la industrialización. No vio que la producción industrial implicaba la urbanización de la sociedad y que el dominio de las potencialidades de la industria exigía conocimientos específicos relativos a la urbanización. La producción industrial, después de un cierto *crecimiento*, genera la urbanización, crea las condiciones necesarias y abre las posibilidades para que se dé. De este modo, la problemática se desplaza y se convierte en problemática del *desarrollo* urbano. Las obras de Marx (en particular *El capital*) contenían preciosas indicaciones sobre la ciudad y, en particular, sobre las relaciones históricas entre campo y ciudad. Pero estas obras no plantean el problema urbano. En la época de Marx, únicamente se había tratado el problema del alojamiento, que fue estudiado por Engels. Y, sin embargo, el problema de la ciudad desborda inmensamente el del alojamiento. Los límites del pensamiento marxista apenas han sido comprendidos. Partidarios y detractores han contribuido a la confusión asimilando mal los principios metodológicos y teóricos de este pensamiento. Ni la crítica de derechas ni la de izquierdas han señalado los logros y los límites del mismo. Estos límites no han sido todavía superados. En todo caso, esta superación no supondría un rechazo, sino una forma de profundizar en sus logros. El sentido implícito de la industrialización no ha llegado a explicitarse correctamente. La reflexión teórica no ha sabido dotar de su sentido a este proceso. Es más, dicho sentido se ha buscado en otra parte o, incluso, se ha abandonado su búsqueda.

La «socialización de la sociedad», mal comprendida por los reformistas, ha cortado el paso a la transformación urbana *en*, *por* y *para* la ciudad. No se ha entendido que la urbanización es la esencia de la socialización. Pero ¿qué se ha «socializado»? Signos abandonados al consumo: los signos de la ciudad, de *lo urbano*, de la vida urbana, así como los signos de la naturaleza y del campo o los de la alegría y la felicidad, ello sin que una práctica social efectiva haga entrar *lo urbano* en lo cotidiano. La vida urbana accede a la dimensión de las necesidades solo a través de diversos retrocesos, a través de la pobreza de las necesidades que se dan en la «sociedad socializada», a través del consumo cotidiano y de sus signos propios en la publicidad, en la moda y en el esteticismo. Así, en este nuevo momento del análisis es cuando se concibe el movimiento dialéctico que arrastra hacia un horizonte sombrío formas y contornos, determinismos y presiones, servidumbres y aportaciones.

La vida urbana, la sociedad urbana y *lo urbano* han sido desgajados de su base morfológica, casi en ruinas, mediante una cierta práctica social. Por ello, buscan una nueva base: así se presentan las proximidades del punto crítico. *Lo urbano* no puede entenderse ni como algo sujeto a una forma material concreta (sobre el terreno, en lo práctico-sensible), ni tampoco como algo capaz de desprenderse de dicha forma. No es una esencia atemporal, ni un sistema entre los sistemas o bajo otros sistemas. Es una forma mental y social, la forma de la simultaneidad, de la conjunción, de la convergencia y del encuentro o, mejor aún, de los encuentros. Es una cualidad que nace de las cantidades: de los espacios, los objetos y los productos. Es una diferencia o, mejor aún, un conjunto de diferencias. *Lo urbano* contiene el sentido de la producción industrial, al igual que la *apropiación* contiene el sentido de la *dominación técnica sobre la naturaleza*, ya que sin ella rayaría en lo absurdo. Es un *campo* de relaciones que comprende, en particular, la relación del tiempo o de los tiempos (ritmos cíclicos y duraciones lineales) con el espacio o los espacios (isotopías-heteretopías). *Lo urbano*, en cuanto que lugar de deseo y de vinculación de tiempos, podría presentarse como *significante*, cuyos *significados* (es decir, las «realidades» práctico-sensibles que permitirían realizarlo en el espacio, con una base morfológica y material adecuada) buscamos en este instante.

El doble proceso de industrialización-urbanización, carente de una elaboración teórica suficiente, ha quedado escindido y sus componentes separados y, por tanto, condenados al absurdo. Este proceso, si fuera abordado por una racionalidad superior (dialéctica) y concebido en su dualidad y en sus contradicciones, no caería en el error de dejar de lado *lo urbano*. Por el contrario, *lo comprendería*. No conviene, pues, acusar a la razón, sino a un cierto racionalismo, a una racionalidad cerril y a los límites de la misma. El mundo de la mercancía tiene una lógica inmanente, la del dinero y el valor de cambio generalizado sin límites. De este modo, el intercambio y la equivalencia solo pueden mostrar indiferencia ante la forma urbana. Reduce la simultaneidad y los encuentros a aquella de los cambistas y el lugar de encuentro a aquel en el que se cierran los contratos de intercambio equivalente, es decir, el mercado. La sociedad urbana, conjunto de actos que se desarrollan en el tiempo y que privilegian un espacio (sitio, lugar) –que a su vez también los privilegia–, que son alternativamente significantes y significados, tiene una lógica diferente a aquella de la mercancía. Es otro mundo. *Lo urbano* se funda sobre el valor de uso. Por ello, el conflicto no puede evitarse. Por si fuera poco, la racionalidad economicista y productivista, que pretende impulsar más allá de cualquier límite la producción de productos (de objetos intercambiables, de valor de cambio), suprime *la obra* y se presenta como conocimiento cuando en realidad, unida a su esencialismo, contiene un componente ideológico. Atendiendo a las restricciones que proceden de los determinismos existentes, de la producción industrial y del mercado de productos, así como a aquellas que proceden de un fetichismo del programa, dicha racionalidad quizá no sea otra cosa que mera ideología. La ideología hace pasar estas restricciones reales por lógicas racionales. Una racionalidad así no tiene nada de inofensivo. El peor peligro proviene de pretender ser y considerarse una *síntesis*. Pretende que todo aboque a la síntesis y pretende formar a «hombres de síntesis» (a partir de la filosofía, a partir de una ciencia o, finalmente, a partir de una investigación «interdisciplinaria»). Pero no olvidemos que esta es una ilusión ideológica. ¿Quién tiene *derecho a la síntesis*? Sin duda, no lo tendrá un funcionario de la síntesis que cumple esta función garantizada por las instituciones. Tampoco aquel que extrapola a partir de uno o varios análisis. Así, solo la capacidad práctica de realización tendría el derecho a aglutinar los elementos teóricos de la síntesis. ¿Es este el papel del poder político? Quizás, pero no de cualquier fuerza política: no del Estado político como institución o suma de instituciones y tampoco de hombres de Estado como tal. Solo el examen crítico de las estrategias desplegadas permite responder a estas preguntas. *Lo urbano* solo puede confiarse a una estrategia que ponga en primer plano la problemática de lo urbano, la intensificación de la vida urbana y la realización efectiva de la sociedad urbana, es decir, de su base morfológica, material y práctico-sensible.

10. Sobre la forma urbana

Se ha hablado ya de la ambigüedad del término «forma», o más exactamente de su *polisemia*, de la pluralidad de significados. Si bien apenas hubiera sido necesario hacerlo, ya que esta ambigüedad salta a la vista. Es una *polisemia* muy semejante a la de los términos «función», «estructura», etc. Sin embargo, no podemos quedarnos simplemente aquí. ¡Cuántas personas creen haberlo resuelto todo simplemente empleando una de estas palabras fetiche! La pluralidad y la confusión de los sentidos sirven a la ausencia de pensamiento y a esa pobreza que se considera a sí misma riqueza.

Para esclarecer el significado del término hay una única vía que supone partir de su acepción más abstracta. Solo la abstracción científica, alejada de la abstracción verbal y sin contenido y opuesta a la abstracción especulativa, permite obtener definiciones transparentes. Para definir la forma hay que partir, por tanto, de la lógica formal y de las estructuras lógico-matemáticas. No con el fin de aislarlas y fetichizarlas, sino, por el contrario, para captar su relación con lo «real». Ello no está exento de dificultades e inconvenientes. La transparencia y la claridad de la abstracción «pura» no son accesibles a todos. La mayoría de las personas se comportan como ciegas o miopes ante esta iluminación que implica la abstracción. Para entender lo abstracto se precisa de una «cultura». Mucho más aún si se desea abordar las inquietantes fronteras que diferencian y, a la par, unifican lo concreto y lo abstracto, el conocimiento y el arte, las matemáticas y la poesía. Para esclarecer el significado de la palabra «forma» nos veremos obligados a recurrir a una teoría muy general, muy abstracta, la *teoría de las formas*, cercana a la teoría filosófica del conocimiento, a la que por otra parte antecede, pero de la que, sin embargo, difiere considerablemente, pues, por una parte, es ella misma quien designa sus propias condiciones históricas y «culturales» y, por otra, se apoya en difíciles consideraciones lógico-matemáticas.

Procediendo de forma escalonada, examinaremos inicialmente una «forma» socialmente reconocida. Por ejemplo, *el contrato*. Hay una gran diversidad de contratos: el contrato matrimonial, el contrato laboral, el contrato de compraventa, etc. Los contenidos de los actos sociales que definimos como contractuales son, por tanto, muy diversos. Unas veces se trata de regular las relaciones entre dos individuos de diferente sexo y entonces la relación sexual pasa a segundo plano en la reglamentación social, la cual atiende a los bienes y a la transmisión de bienes a los hijos y herederos. Otras veces se trata de regular las relaciones entre dos individuos diferentes en estatuto e, incluso, clase social, como sucede entre empresario y empleado o entre patrón y obrero. Otras, el contrato se refiere a someter a regulación social la relación entre vendedor y comprador, etc. Sin embargo, estas situaciones particulares tienen un rasgo común: la *reciprocidad* de la aceptación constituida e instituida socialmente. Cada parte se compromete ante la otra a cumplir un determinado tipo de acciones explícita o implícitamente estipuladas. Es sabido que esta reciprocidad conlleva una parte de ficción o, mejor aún, que una vez concluida la reciprocidad resulta ficticia, cuando no cae en la estipulación contractual y bajo el peso de la ley. La reciprocidad sexual entre los esposos se torna ficción social moral (el «deber conyugal»). La reciprocidad de compromiso entre patrón y obrero sitúa a ambos en un mismo plano solo de un modo ficticio. Y así sucede con otras reciprocidades. Sin embargo, estas ficciones poseen una existencia y una influencia social. Se corresponden con diferentes contenidos de una forma jurídica general, con la que operan los juristas y que se inscribe en una *codificación* de las relaciones sociales: el código civil.

Así sucede también con el pensamiento reflexivo. La reflexión tiene contenidos extremadamente diversos, tales como objetos, situaciones o actividades. De toda esta diversidad emergen algunos dominios más o menos ficticios o reales: ciencia, filosofía, arte, etc. Estos objetos múltiples, estos campos de número bastante limitado, derivan de una formulación: la lógica. La reflexión se codifica según una forma común a todos los contenidos que nace de sus diferencias. La forma se desgaja del contenido o, mejor aún, de los contenidos. Así liberada, emerge pura y transparente, inteligible. Y será más inteligible cuanto más se hayan filtrado los contenidos, cuanto más se haya «depurado». Sin embargo, paradójicamente, en tal pureza no hay existencia.

No es real, no existe. Al desgajarse del contenido, la forma se desgaja también de lo concreto. Cima y clave de lo real (de su penetración por el conocimiento, de la acción que lo modifica), se sitúa, precisamente, fuera de lo real. Desde hace dos mil años, los filósofos intentan comprenderlo.

La filosofía, sin embargo, aporta los elementos teóricos al conocimiento. El procedimiento se ajusta, en este caso, a fases distintas con un objetivo estratégico. Conviene captar, a través del ejercicio de la reflexión que depura las formas y su propia forma, y que codifica y formaliza, el movimiento inherente y oculto de la relación entre forma y contenido. No hay forma sin contenido, al igual que es imposible un contenido sin forma. Lo que se ofrece al análisis es siempre una *unidad* de forma y contenido. Sin embargo, el análisis rompe la unidad. Hace aparecer la pureza de una forma que nos remite al contenido. La unidad, indisoluble y, a pesar de ello, quebrada por el análisis, es conflictiva, es decir, es dialéctica. A su vez, el pensamiento nos lleva, mediante un movimiento sin pausa cuando no instantáneo, de la forma transparente a la opacidad de los contenidos, de la sustancialidad de estos contenidos a la inexistencia de la forma «pura». Sin embargo, por una parte, la reflexión tiende a disociar las formas (y su propia forma lógica) de los contenidos, constituyendo «esencias» absolutas, instituyendo lo que podría definirse como el reino de las esencias. Por otra parte, la práctica, el empirismo, tiende a contentarse con la mera verificación de los contenidos, a situarse en la opacidad de los diferentes contenidos, reconocidos en sus diferencias. La forma lleva así una «existencia» doble. Es y no es. No tiene más de realidad que aquello que contiene y, sin embargo, se desprende de ese contenido. Tiene una existencia mental y una existencia social. Mentalmente, el contrato se define a través de una forma muy próxima a la lógica: la reciprocidad. Socialmente, esta forma regula innumerables situaciones y actividades a las que dota de una estructura, sostiene e incluso valora, pues en cuanto que forma conlleva una evaluación y conduce a un *«consensus»*. En cuanto a la forma lógico-matemática, su existencia mental es evidente. Menos evidente es comprobar que la misma conlleva una ficción: el hombre teórico, desencarnado, un ser puramente reflexivo. En cuanto a su existencia social, convendría mostrarla en toda su amplitud. A esta forma se vinculan, en efecto, múltiples actividades sociales: enumerar, delimitar, *clasificar* (los objetos, situaciones, las actividades), organizar *racionalmente*, prever y planificar e incluso programar.

Mediante la reflexión, que prolonga con nuevos términos tanto la larga meditación como la problemática planteada por los filósofos, se puede confeccionar un *cuadro de formas*. Es una especie de tabla para descifrar las relaciones entre lo real y el pensamiento. Este cuadro (provisional, revisable) va de lo más abstracto a lo más concreto y, por consiguiente, de lo menos a lo más inmediato. Cada forma se ofrece en una doble existencia, mental y social:

1. Forma lógica
   Mentalmente: es el principio de identidad: A = A. Es la esencia vacía, sin contenido. Es la absoluta pureza, es la transparencia suprema, difícil de captar, pues la reflexión no puede ni retenerla ni mantenerse en ella. Sin embargo, encuentra en la tautología su punto de partida y retorno. Esta tautología es, en efecto,

lo que hay de común en todas las proposiciones que, por lo demás, nada tienen en común en su contenido y en su designación (*designatum*, señalado). Esta tautología A = A es el centro vacío de la sustancia de todos los enunciados, de todas las proposiciones, como Wittgenstein ha mostrado.
Socialmente: el acuerdo y los tratados de acuerdo a uno y otro lado de los malentendidos. La posibilidad imposible de hacer efectiva, de detenerse para definir todo, para decirlo todo y entenderse según las reglas del acuerdo. Pero también el verbalismo, la verborrea, las repeticiones, la pura palabrería. Incluso los pleonasmos, los círculos viciosos, los tópicos vacíos, entre ellos: los grandes pleonasmos sociales, por ejemplo, la burocracia, que para mantener la forma burocrática engendra más burocracia; o las lógicas sociales, que tienden a su simple mantenimiento hasta destruir su contenido y destruirse, mostrando, de este modo, su vacío.

2. Forma matemática
Mentalmente: la identidad y la diferencia, la igualdad en la diferencia. La denominación de elementos de un conjunto, entre otros. El orden y la medida.
Socialmente: el reparto y las clasificaciones en el espacio, generalmente privilegiado bajo este título, pero también en el tiempo. La planificación. La cuantificación y la racionalidad cuantitativa. El orden y la medida subordinándose a los deseos y al deseo, a la cualidad y a las cualidades.

3. Forma del lenguaje
   Mentalmente: la coherencia, la capacidad de articular elementos diversos, de confiarles significados y sentidos, de emitir y descifrar mensajes según convenciones codificadas.
   Socialmente: la cohesión de las relaciones, su subordinación a las exigencias y restricciones de la cohesión, la ritualización de las relaciones, su formalización y codificación.

4. Forma del intercambio
   Mentalmente: la confrontación y la discusión, la comparación y la equiparación de actividades, de necesidades, de productos del trabajo, etc. En resumen, la equivalencia.
   Socialmente: el valor de cambio, la forma de la mercancía clarificada, formulada, formalizada por Marx en el capítulo I de *El capital*, con una referencia implícita a la lógica formal y al formalismo lógico-matemático.

5. Forma contractual
   Mentalmente: la reciprocidad.
   Socialmente: la codificación de las relaciones sociales basadas en un compromiso mutuo.

6. Forma del objeto (práctico-sensible)
   Mentalmente: el equilibrio interno percibido y concebido como propiedad «objetiva» (u objetual) de todos y cada uno de los objetos. La simetría.

Socialmente: la espera de este equilibrio y esta simetría, exigida o desmentida por los objetos, comprendiendo entre estos objetos los «seres» vivos y pensantes, así como los objetos sociales como casas, edificios, utensilios, instrumentos, etc.

7. Forma escritural
   Mentalmente: la repetición, la fijación sincrónica de lo que transcurre en el tiempo, la vuelta atrás y el ascenso por un devenir fijo.
   Socialmente: la acumulación en el tiempo en base al mantenimiento y a la conservación de lo adquirido, la restricción de lo escrito y de las escrituras, el terror ante lo escrito y la lucha del espíritu contra la letra, la palabra, contra lo inscrito y lo prescrito, la lucha del devenir contra lo inmutable y lo arraigado, es decir, lo reificado.

8. Forma urbana
   Mentalmente: la simultaneidad de acontecimientos, de percepciones, de elementos de un conjunto en lo «real».
   Socialmente: el encuentro y el vínculo de todo cuanto hay en un entorno, en un «medio» (bienes y productos, actos y actividades, riquezas) y, por consiguiente, la sociedad urbana como lugar socialmente privilegiado, como guía de las actividades de producción y de consumo, como confluencia de obra y producto.

Dejaremos de lado la *repetición* a la que algunos (entre ellos Nietzsche) han considerado como forma suprema, como forma existencial o como forma de la existencia.

Casi es una evidencia afirmar que en la sociedad denominada moderna, la simultaneidad se intensifica, se densifica y que las posibilidades del encuentro y la reunión se refuerzan. Las comunicaciones se aceleran hasta la *cuasi-instantaneidad*. La información afluye y se difunde, de un modo ascendente y descendente, a partir de esta centralidad. Aquí se produce la ya señalada «socialización de la sociedad» (con las debidas reservas en cuanto al carácter «reformista» de esta formulación conocida).

Es igualmente una evidencia que en estas mismas condiciones la dispersión aumenta: la división del trabajo es llevada a las últimas consecuencias, con segregación de grupos sociales y separaciones materiales y espirituales. Estas dispersiones solo son alcanzables y apreciables cuando se las toma *en relación* a la forma de la simultaneidad. Sin esta forma, la dispersión y la separación son pura y simplemente percibidas, aceptadas, sancionadas, como hechos. De este modo, la forma permite designar el contenido o, mejor aún, los contenidos. Al emerger, el movimiento hace surgir, a la vez, un movimiento velado, es decir, el movimiento dialéctico (conflictivo) del contenido y de la forma urbana: esta es la «problemática». La forma en la cual se inscribe esta problemática suscita algunos interrogantes. ¿Ante y para quién se establece la simultaneidad, la conjunción de los contenidos y de la vida urbana?

11. El análisis espectral

En realidad, la racionalidad limitada que vemos en acción en la práctica (incluido el urbanismo aplicado) se ejerce, sobre todo, siguiendo las modalidades de una inteligencia *analítica* muy avanzada, muy elaborada, dotada de gran capacidad de presión. Este intelecto analítico se reviste de los privilegios y del prestigio de la síntesis y, de este modo, disimula aquello que envuelve: las estrategias. Cabe responsabilizarle de su perentoria atención a lo funcional o, mejor aún, a lo *unifuncional*, así como a la subordinación de detalles escrupulosamente compatibles con la representación de una globalidad social. De este modo, desaparecen las *mediaciones* entre un conjunto ideológico, que pasa por técnica o económicamente racional, y las medidas detalladas, objetos de táctica y previsión. Esta puesta entre paréntesis de mediaciones teóricas y prácticas, sociales y mentales, no carece de un cierto humor negro en el marco de una sociedad en la que los intermediarios (comerciantes, financieros, publicitarios, etc.) detentan inmensos privilegios. Y es que lo uno cubre a lo otro. Así pues, se abre un abismo, manipulado y reprimido, entre lo global (que se cierne sobre el vacío) y lo parcial, sobre el que gravitan las instituciones.

Lo que se pone en cuestión no es una «globalidad» incierta, sino la *ideología* y la *estrategia* de clase que utiliza y sostiene esta ideología. Al uso ya mencionado de la inteligencia analítica añadiremos también la extrema compartimentación del trabajo y la especialización llevada a sus últimas consecuencias (aquí se encontrarían los estudios especializados de los urbanistas), así como la proyección de los elementos de la sociedad sobre el terreno, tras una especie de análisis «espectral». La *segregación* debe ser expuesta a través sus tres vertientes, simultáneas unas veces, sucesivas otras: *espontánea*, procedente de los ingresos y las ideologías; *voluntaria*, estableciendo espacios separados; y, finalmente, *programada*, bajo el plumaje de ordenación y plan.

Indiscutiblemente, en todos los países existe una fuerte resistencia a las inercias segregacionistas. No puede afirmarse que la segregación de grupos, etnias, estratos y clases sociales provenga de una estrategia constante y uniforme de los diversos poderes, ni que haya que verla como la proyección eficaz de las instituciones, como la mera voluntad de los dirigentes. Es más, las voluntades y las acciones convenidas intentan combatirla. Y, sin embargo, justo donde la separación de los grupos sociales no aparece de forma muy clara, la presión en este sentido y los indicios de segregación se hacen más evidentes. El caso más extremo, el resultado más elaborado, es el del gueto. Comprobamos que existen varios tipos de guetos: los de los judíos y los de los negros, pero también los de los intelectuales y los de los obreros. A su manera, también los barrios residenciales son guetos. Estos guetos de la riqueza congregan a personas con alto nivel de renta y con poder para autoaislarse. El ocio cuenta también con sus guetos. Allá donde hubo una acción coordinada para eliminar las capas y clases sociales, rápidamente se produjo una decantación espontánea que contribuyó a separarlas. El fenómeno de la segregación debe analizarse según diversos índices y criterios: *ecológicos* (chabolas, barrios pobres, podredumbre del corazón de la ciudad), *formales* (deterioro de los signos y significados de la ciudad, degradación de *lo urbano* por fragmentación de sus elementos arquitectónicos) o sociológicos (niveles y modos de vida, etnias, culturas y subculturas, etc.).

Las tendencias antisegregacionistas serían ante todo ideológicas. Unas veces apoyadas en el humanismo liberal, otras en la filosofía de la ciudad considerada como «tema» (comunidad, organismo social). Pese a las buenas intenciones humanistas y la buena voluntad filosófica, la *práctica* tiende a la segregación. ¿Por qué? Por razones teóricas y en virtud de causas sociales y políticas. En el plano teórico, el pensamiento analítico se detiene, se corta. Cuando pretende alcanzar una síntesis, fracasa. Social y políticamente, las estrategias de clase (inconscientes o conscientes) apuntan a la segregación.

En un país democrático, los poderes públicos no pueden decretar públicamente la segregación como tal. Por ello, con frecuencia adoptan una ideología humanista que se torna en utopía en el sentido más desfasado, cuando no en demagogia. La segregación se extiende a los sectores de la vida social regulados siempre por estos poderes públicos, unas veces con más facilidad que otras, unas veces con mayor profundidad que otras.

Digamos que el Estado y la empresa pretenden absorber la ciudad, suprimirla como tal. El Estado procede más bien desde arriba y la empresa desde abajo, asegurando la vivienda y la función de habitar en las ciudades obreras y en los grandes conjuntos que dependen de una «sociedad», asegurando también el ocio e incluso la cultura y la «promoción social». El Estado y la empresa, pese a sus diferencias y, a veces, sus conflictos, convergen respecto a la segregación.

Dejamos abierta la cuestión de si las formas políticas del Estado (capitalista, socialista, transitorio, etc.) engendran o no estrategias diferentes frente a la ciudad. Por el momento, no intentaremos saber dónde, cómo, en quiénes y con quiénes se elaboran estas estrategias. Nos limitamos a verificar estrategias, observándolas como orientaciones significativas. Las segregaciones que destruyen morfológicamente la ciudad y amenazan la vida urbana no pueden entenderse como efecto del azar o de coyunturas locales. Será suficiente con indicar que el carácter *democrático* de un régimen se mide por su actitud respecto a la ciudad, a las «libertades» urbanas, a la realidad urbana y, por consiguiente, a la *segregación*. ¿No será este, seguramente, uno de los criterios más importantes que tener en cuenta? Por lo referido a la ciudad y a su problemática, sin duda, es esencial. Falta todavía distinguir entre el poder político y las presiones sociales capaces de anular los efectos de la voluntad de los políticos, sea esta buena o mala. En lo referido a la empresa, dejaremos igualmente planteada la pregunta. ¿Cuál es la relación de la racionalidad en general (ideológica y práctica), por una parte, con la planificación (general y urbana) y, por otra parte, con la gestión racional de las grandes empresas? Emitamos, en cualquier caso, una hipótesis, una guía para la investigación. La racionalidad de la empresa implica un análisis de los trabajos, operaciones y concatenaciones, llevado al extremo. Es más, las razones y causas de una estrategia de clase funcionan plenamente en la empresa capitalista. Hay, por tanto, una probabilidad muy grande de que la empresa en cuanto tal continúe la lógica de la segregación extrema y de que actúe en este sentido e intervenga ejerciendo una presión social, cuando no sea una intervención directa sobre la toma de decisiones.

El Estado y la empresa pretenden acaparar las funciones urbanas, asumirlas y asegurarse su control destruyendo la forma de *lo urbano*. ¿Pueden llegar a hacerlo? ¿No superarán acaso tales objetivos estratégicos sus fuerzas, estén combinadas o no? Las investigaciones sobre este punto serían enormemente interesantes. La crisis de la ciudad, cuyas condiciones y modalidades se van descubriendo poco a poco, va en paralelo a una crisis de las instituciones en la escala de la misma ciudad, de la jurisdicción y de la administración urbana. Cada vez en mayor grado, el Estado asume bajo su control todo aquello que se encontraba en el nivel específico de la ciudad (gobierno local, gastos e inversiones locales, escuelas y programas escolares, universidades, etc.) y que ahora se institucionaliza en el marco global. Por todo ello, la ciudad como institución específica tiende a desaparecer, lo cual supone su destrucción como obra de los grupos originarios y, a su vez, específicos. ¿Pueden las instancias y poderes superiores prescindir de esta dimensión, de esta mediación que es la ciudad? ¿Pueden abolir *lo urbano*? Para responder a estas preguntas se necesitará de las investigaciones de la sociología jurídica, económica, administrativa y cultural. La vida cotidiana, regida por instituciones que la regulan desde arriba y consolidada y organizada a través de múltiples limitaciones, se despliega precisamente a este nivel. La racionalidad productivista que tiende a suprimir la ciudad en el nivel de la planificación general la retoma en el ámbito del consumo organizado y controlado, en el ámbito de un mercado supervisado. Los poderes, tras haber marginado la ciudad en el nivel de las decisiones globales, la retoman en el nivel de las aplicaciones concretas. Suponiendo que pueda comprenderse la situación en Francia y otros lugares, de ahí surge una increíble maraña de medidas (todas razonables), reglamentos (todos ellos muy elaborados), coacciones (todas argumentadas). El funcionamiento de la racionalidad burocrática se embrolla en sus presupuestos y consecuencias, los cuales desbordan y acaban escapando. Conflictos y contradicciones renacen plagados de actividades «estructurantes» y acciones «concertadas» destinadas a suprimirlos. Aquí se hace evidente sobre el terreno lo absurdo del racionalismo limitado (cerrado) de la burocracia y la tecnocracia. Y se entiende la falsedad de la *ilusoria identificación* entre lo racional y lo real en el Estado y *la verdadera identificación* entre lo absurdo y un cierto racionalismo autoritario.

En nuestro horizonte, la ciudad y *lo urbano* se perfilan como objetos virtuales, como proyectos de una reconstrucción de síntesis. El análisis crítico constata el fracaso de un pensamiento analítico y no crítico. ¿Qué retiene de la ciudad, de lo urbano, esta práctica analítica cuyos resultados podemos constatar sobre el terreno? Distintos aspectos, elementos, fragmentos. Ante nuestros ojos, se exhibe el espectro, el *análisis espectral* de la ciudad. Cuando hablamos de análisis espectral tomamos estas palabras en un sentido casi literal y no como una metáfora. Por tanto, ante nuestras miradas, tenemos el «espectro» de la ciudad, de la sociedad urbana y, quizás, el de la sociedad a secas. Si el espectro del comunismo no se cierne ya sobre Europa, la sombra de la ciudad, la añoranza de lo inerte porque lo mataron, incluso el remordimiento, han reemplazado a la antigua amenaza. La imagen del infierno urbano que se nos muestra no es menos fascinante y las gentes se arrojan en masa a las ruinas de las ciudades antiguas para consumirlas turísticamente, creyendo así aplacar su nostalgia. Ante nosotros se extienden como un espectáculo (para espectadores «inconscientes» de lo que tienen ante su «consciencia») los elementos de la vida social y de lo urbano disociados e inertes. Ante nosotros, «grandes conjuntos» sin adolescentes y sin personas mayores. Ante nosotros, mujeres soñolientas cuyos maridos trabajan lejos y volverán a casa hastiados. Ante nosotros, zonas de viviendas unifamiliares que forman un microcosmos y, pese a ello, continúan siendo urbanas porque dependen de los centros de decisión y porque en ningún hogar falta la televisión. Ante nosotros, una vida cotidiana dividida en fragmentos: trabajo, transporte, vida privada y ocio. La separación analítica ha aislado estos fragmentos como si se tratara de ingredientes y elementos químicos o materiales brutos, cuando, por el contrario, dichos fragmentos son el resultado de una larga historia e implican una apropiación de la materialidad. Pero aún no hemos terminado. Ante nosotros, el ser humano desmembrado, disociado. Ante nosotros, los sentidos, el olfato, el gusto, la vista, el tacto, el oído, los unos atrofiados, los otros hipertrofiados. Ante nosotros, la percepción, la inteligencia y la razón funcionando por separado. Ante nosotros, la palabra y el discurso, lo escrito. Ante nosotros, la cotidianidad y la fiesta, esta última agonizante. Absolutamente evidente, absolutamente urgente: imposible seguir así. La *síntesis* se inscribe, pues, en el orden del día, en el orden del siglo. Pero ante el intelecto analítico esta síntesis aparece únicamente como *combinación* de elementos separados. Y, sin embargo, la combinación nunca es una síntesis. Aunque sean un conjunto significativo, la ciudad y *lo urbano* no se recomponen ni a partir de los signos de la ciudad ni a partir de los *semantemas* de *lo urbano*. La ciudad no es únicamente un lenguaje, sino que también es una práctica. No tendríamos que repetir ni subrayar que nadie está capacitado para enunciar y anunciar esta síntesis: el sociólogo o el «animador», ni más ni menos que el arquitecto, el economista, el demógrafo, el lingüista, el semiólogo. Nadie tiene ni el poder ni el derecho a hacerlo. De no haber ya demostrado la filosofía a lo largo de los siglos su incapacidad para alcanzar totalidades concretas (pese a que siempre apuntara a la totalidad y se planteara las cuestiones globales y generales), quizá el único que tendría este derecho a la síntesis sería el filósofo. Solo la *praxis*, cuyas condiciones están por determinar, tiene la posibilidad y la exigencia de alcanzar una síntesis, de marcar el objetivo de combinar lo que se presenta disperso, disociado, separado, dentro de la forma de la simultaneidad y de los encuentros.

Así pues, ante nuestra vista, proyectados por separado sobre el terreno tenemos los grupos, las etnias, las edades y los sexos, las actividades, los trabajos, las funciones y los conocimientos. Tenemos todo lo necesario para crear un mundo, una sociedad urbana o *lo urbano* desarrollado. Pero este mundo se encuentra ausente, esta sociedad está ante nosotros únicamente en estado de virtualidad. Corre el riesgo de perecer sin haber llegado a germinar. En las condiciones existentes, moriría antes de nacer. Las condiciones que hacen surgir las posibilidades pueden también mantenerlas en un estado de virtualidad, el de la presencia-ausencia. ¿No será el origen de este drama el punto de emergencia de la nostalgia? Lo urbano obsesiona a quienes viven en la carencia, en la pobreza, en la frustración de *lo posible* que solo como posible permanece. De este modo, la integración y la participación obsesionan a los no participantes, a los no integrados, a los que sobreviven entre los fragmentos de la sociedad posible y las ruinas del pasado, excluidos de la ciudad, a las puertas de *lo urbano*.

El camino recorrido queda jalonado de contradicciones entre lo total (global) y lo parcial, entre el análisis y la síntesis. Es esta una novedad que emerge, con altura y profundidad, y que no interesa ya a la teoría, sino a la práctica. Una misma *práctica social*, la de la sociedad actual (en Francia, segunda mitad del siglo XX), se presenta al análisis crítico a través de un doble carácter que no puede reducirse a una oposición significante, pese a que significa.

Por una parte, esta práctica social es *integradora*. Busca integrar sus diversos elementos y aspectos en un todo coherente. La integración se realiza a diferentes niveles, según modalidades diversas: a través del mercado, en el «mundo de la mercancía». Dicho de otro modo, a través del consumo y la ideología del consumo; a través de la «cultura» que se presenta como unitaria y global; a través de los «valores», entre ellos el arte; a través de la acción del Estado, incluida la conciencia nacional, aquella referida a las posibilidades y estrategias políticas a escala de país. Esta integración apunta en un primer momento a la clase obrera, pero también a la *intelligentsia* y a los intelectuales, al pensamiento crítico, sin excluir el marxismo. El urbanismo podría convertirse en esencial para esta práctica integrativa.

Al mismo tiempo, esta sociedad ejerce la *segregación*. Esa misma racionalidad que se pretende global (organizadora, planificadora, unitaria y unificadora) se concreta en un nivel analítico. Proyecta sobre el terreno la separación. Tiende (como en Estados Unidos) a estar compuesta de guetos o de *parkings*, aquellos de los obreros, aquellos de los intelectuales, los de los estudiantes (el campus), o los de los extranjeros, sin olvidar los guetos del ocio o de la «creatividad» reducida a una miniaturización y al bricolaje. Gueto en el espacio y gueto en el tiempo. En la representación urbanística, el término *«zoning»* implica ya separación, segregación, aislamiento dentro de los guetos ya culminados. En el proyecto, el hecho se convierte en racionalidad.

Esta sociedad se pretende y se cree *coherente*. Persigue la coherencia, vinculada a la racionalidad, considerada, a la vez, como característica de la acción eficaz (organizadora), como valor y criterio. La ideología de la coherencia encubre una incoherencia que, sin embargo, es escandalosa. ¿No será la coherencia otra cosa que la obsesión de una sociedad incoherente que busca su camino hacia la coherencia queriendo detenerse en la situación conflictiva, desmentida, negada como tal?

No es esta la única obsesión. La *integración* se convierte asimismo en tema obsesivo, en una aspiración sin meta. El término «integración», tomado a partir de acepciones muy diversas, aparece en los textos –periódicos, libros y también discursos– con una frecuencia tan grande que es ya un indicio de algo. Por una parte, este término designa un *concepto* que identifica la práctica social, denunciando una estrategia. Por otra parte, es un dispositivo de *connotación social*, aún sin concepto, sin objetivo ni objetividad y que revela una obsesión: la de *integrarse* en esto o en aquello, en un grupo, en un conjunto o en un todo. ¿Podría ocurrir de otro modo en una sociedad que prioriza el todo a las partes, la síntesis al análisis, la coherencia a la incoherencia, la organización a la fragmentación? Es a partir de la ciudad y de la problemática urbana como se pone de manifiesto esta dualidad constitutiva con un contenido conflictivo. ¿Con qué resultados? Sin ninguna duda, con los fenómenos paradójicos de una *integración desintegradora* que atentan, en particular, contra la realidad urbana.

Ello no quiere decir que esta sociedad se desintegre y se caiga a pedazos. No. Funciona. ¿Cómo? ¿Por qué? Ello constituye a la vez un problema, pues significa que este funcionamiento no puede ir por separado de un malestar enorme que es su obsesión.

Otro tema obsesivo es el de la *participación* vinculada a la integración. Pero no se trata de una simple obsesión. En la práctica, la ideología de la participación permite obtener al menor costo la aquiescencia de personas interesadas e implicadas. Después de un simulacro que más o menos impulsa la información y la actividad social, aquellas vuelven a su tranquila pasividad, a su retiro. ¿No está claro ya que la participación real y activa tiene un nombre? Ese nombre es *autogestión*. Lo cual plantea otros problemas.

Fuerzas muy poderosas tienden a destruir la ciudad. Ante nosotros, cierto urbanismo proyecta sobre el terreno la ideología de una práctica que apunta a la muerte de la ciudad. Estas fuerzas sociales y políticas arrasan *lo urbano* en formación. Este germen, a su manera muy poderoso, ¿puede nacer en las fisuras que aún subsisten entre estas masas: el Estado, la empresa, la cultura (que deja morir a la ciudad, ofreciendo al consumo su imagen y sus obras), la ciencia o, mejor aún, la cientificidad (que se pone al servicio de la racionalidad existente, que la legitima)? ¿Podrá la vida urbana recobrar e intensificar las casi desaparecidas capacidades de *integración* y *participación* de la ciudad, que son imposibles de estimular ni por vía autoritaria, ni por prescripción administrativa, ni por intervención de especialistas? Así se formula el problema, teóricamente capital. Aunque hubiera un «sujeto» al que el análisis pudiera responsabilizar bien del resultado global de una serie de acciones no planificadas o del efecto de una voluntad, el sentido político de la segregación como estrategia de clase es evidente. A la *clase obrera*, víctima de la segregación, expulsada de la ciudad tradicional, privada de la vida urbana actual o posible, se le plantea un problema práctico y, por tanto, *político*. Y ello aun cuando no haya sido planteado políticamente y pese a que la cuestión del alojamiento enmascare hasta ahora, para ella y sus representantes, la problemática de la ciudad y *lo urbano*.

12. El derecho a la ciudad

La reflexión teórica se ve obligada a redefinir las formas, funciones y estructuras de la ciudad (económicas, políticas, culturales, etc.), así como las necesidades sociales inherentes a la sociedad urbana. Hasta el momento, las necesidades individuales, con sus motivaciones marcadas desde la llamada sociedad de consumo (la sociedad burocrática de consumo dirigido), han sido simplemente exploradas, aunque más que conocidas y reconocidas han sido manipuladas. Las necesidades sociales tienen un fundamento antropológico; son opuestas y complementarias a un tiempo, comprenden la necesidad de seguridad y la de apertura, la de certidumbre y la de aventura, la de organización del trabajo y la de juego, las necesidades de previsibilidad y de imprevisibilidad, de unidad y de diferencia, de aislamiento y de encuentro, de intercambios y de inversiones, de independencia (cuando no de soledad) y de comunicación, de inmediatez y de perspectiva a largo plazo. El ser humano tiene también la necesidad de acumular energías y de gastarlas, e incluso de derrocharlas en el juego. Tiene necesidad de ver, de oír, de tocar, de gustar y la necesidad de reunir estas percepciones en un «mundo». A estas necesidades antropológicas elaboradas socialmente (es decir, unas veces separadas, otras reunidas, aquí comprimidas y allí hipertrofiadas) se les añaden necesidades específicas que no satisfacen los equipamientos comerciales y culturales y que los urbanistas no tienen en especial consideración. Nos referimos a las necesidades de actividad creadora, de obra (no solo de productos y bienes materiales consumibles), de información, de simbolismo, de imaginación y de actividades lúdicas. A través de estas necesidades específicas vive y sobrevive un deseo fundamental, del que el juego, la sexualidad, los actos corporales como el deporte, la actividad creadora, el arte y el conocimiento son manifestaciones particulares y *momentos* que superan en mayor o menor grado la división fragmentaria del trabajo. Por último, la necesidad de la ciudad y de la vida urbana solo se expresa libremente desde las perspectivas que aquí intentan desligarse de lo dicho y abrir el horizonte. ¿No serían estas unas necesidades urbanas específicas de lugares cualificados, lugares de simultaneidad y encuentros, lugares en los que el intercambio suplantaría al valor de cambio, al comercio y al beneficio? ¿No habría también necesidad de tiempo para estos encuentros y para estos intercambios?

En la actualidad, una *ciencia analítica de la ciudad*, necesaria, sería simplemente un esbozo. Conceptos y teorías, al comienzo de su elaboración, solo pueden avanzar mediante la realidad urbana en formación, mediante la *praxis* (práctica social) de la sociedad urbana. Actualmente, la superación de las ideologías y de las prácticas que bloqueaban el horizonte, que solo actuaban como un cuello de botella del saber y de la acción y que marcaban el umbral por franquear, no se produce sin dificultades.

La *ciencia de la ciudad* tiene a la ciudad como objeto. Esta ciencia utiliza métodos, procedimientos y términos tomados de las ciencias fragmentarias. De aquí que la síntesis se le escape doblemente. En primer lugar, en cuanto que síntesis que se querría total y que, a partir del análisis, consiste solo en una sistematización y en una programación estratégicas. En segundo lugar, porque el objeto, en cuanto que realidad completada, se descompone. El conocimiento tiene ante sí, para descomponerla y recomponerla a partir de fragmentos, a la ciudad histórica ya transformada. Como texto social, esta ciudad histórica no conserva ya ninguna continuidad coherente de prescripciones, de un empleo del tiempo vinculado a símbolos, a un estilo. Así, este texto se aleja y toma la forma de un documento, de una exposición o de un museo. La ciudad históricamente conformada ya no se vive, ya no se percibe en la práctica. No es, pues, más que un objeto de consumo cultural para turistas y para el esteticismo, ávidos de espectáculos y de lo pintoresco. Incluso para los que buscan comprenderla con algún afecto, la ciudad está muerta. Sin embargo, *lo urbano* persiste, en un estado de actualidad dispersa y alienada, en un estado embrionario, virtual. Lo que la vista y el análisis perciben sobre el terreno puede pasar, en el mejor de los casos, por la sombra de un objeto futuro en la claridad de un sol amaneciendo. Imposible concebir la reconstrucción de una ciudad antigua: solo es posible la construcción de una nueva ciudad, sobre nuevas bases, a otra escala, en otras condiciones y en otra sociedad. Ni retorno al pasado, hacia la ciudad tradicional, ni huida adelante, hacia la aglomeración colosal e informe. Esta es la prescripción. En otros términos, por lo que respecta a la ciudad, el objeto de la ciencia no está dado. El pasado, el presente y lo posible no se separan. El pensamiento se ocupa simplemente de un *objeto virtual*. Y ello implica nuevos procedimientos.

El viejo humanismo clásico acabó hace ya tiempo su periplo y lo hizo mal. Está muerto. Su cadáver, momificado, embalsamado, es una gran carga y hiede. Ocupa muchos lugares, públicos o no, transformados, de este modo, en cementerios culturales bajo la apariencia de lo humano: museos, universidades, publicaciones diversas. A ello habría que añadir las ciudades nuevas y las revistas de urbanismo. Con este envoltorio se cubren trivialidades y superficialidades «de talla humana», como suele decirse. Mientras, nosotros nos ocupamos de la desmesura, de crear «algo» a la medida del universo.

Este viejo humanismo encontró la muerte en las guerras mundiales, cuando se produce el aumento demográfico que acompaña a las grandes masacres, ante las exigencias brutales del crecimiento y de la competencia económica y ante la presión de técnicas mal conocidas. No es ni siquiera una ideología, a lo sumo un argumento para discursos oficiales.

Recientemente, como si la muerte del humanismo clásico se identificara con la del hombre, se han lanzado gritos exasperados: «Dios ha muerto, el hombre también». Estas fórmulas, difundidas en libros de éxito, aprovechadas por una publicidad poco responsable, nada tienen de nuevo. La reflexión nietzscheana comenzó hace casi un siglo, con la guerra de 1870-1871, mal presagio para Europa, para su cultura y para su civilización. Cuando Nietzsche anunciaba la muerte de Dios y la del hombre, no estaba dejando ningún vacío profundo; tampoco lo llenaba con ideas brillantes, con el lenguaje y con la lingüística. Pero sí anunciaba al superhombre, en cuyo advenimiento creía. Dejaba atrás el nihilismo que había descrito. Los autores que utilizaban, con un siglo de retraso, ciertas reliquias teóricas y poéticas nos sumergen de nuevo en el nihilismo. Desde Nietzsche, los peligros del superhombre han aparecido con una evidencia cruel. Por otra parte, el «hombre nuevo» que nace con la producción industrial y la racionalidad planificadora, simplemente, ha resultado decepcionante. Aún se abre una última vía, la de la sociedad urbana y lo humano como obra de esta sociedad, que sería obra y no producto. La diatriba es o bien la superación del viejo «animal social» y del hombre de la ciudad antigua –el animal urbano– por el hombre urbano, polivalente, polisensorial, capaz de establecer relaciones complejas y transparentes con «el mundo» (con el entorno y consigo mismo); o bien el nihilismo. Si el hombre ha muerto, ¿para quién entonces vamos a construir? ¿Cómo construir? Poco importa que la ciudad haya o no desaparecido, que sea preciso «pensarla» de nuevo, reconstruirla sobre nuevos fundamentos o bien dejarla atrás. Poco importa que reine el terror, que la bomba atómica sea o no lanzada, que el planeta Tierra explote o no. ¿A quién le importa? ¿Quién piensa? ¿Quién actúa? ¿Quién habla todavía y para quién? Si el sentido y la finalidad desaparecen, si ni siquiera podemos ya afirmarlos en una praxis, nada tiene importancia ni interés. Y si las capacidades del «ser humano», la técnica, la ciencia, la imaginación, el arte o su ausencia se erigen en impulsos autónomos y el pensamiento reflexivo se limita a esta constatación, a la ausencia de «sujetos», ¿qué responderá?, ¿qué hará?

El viejo humanismo se aleja, desaparece. La nostalgia se atenúa y cada vez nos giramos menos para contemplar su forma desplegada en el camino. Esta era la ideología de la burguesía liberal que se inclinaba ante el pueblo, ante los sufrimientos humanos. Cubría y sostenía la retórica de las almas hermosas, de los grandes sentimientos, de la buena conciencia. Se componía de citas grecolatinas salpicadas de judeo-cristianismo. Un cóctel nefasto, un mejunje para hacer vomitar. Solo algunos intelectuales (de «izquierda»..., pero ¿quedan todavía intelectuales de derecha?) que ni son revolucionarios ni abiertamente reaccionarios, ni dionisíacos, ni apolíneos, mantienen la afición a esta triste bebida.

Debemos, pues, virar hacia un nuevo humanismo y esforzarnos para alcanzar una nueva praxis y un hombre distinto, el de la sociedad urbana. ¿Cómo? Escapando de los mitos que amenazan esta voluntad, destruyendo las ideologías que nos alejan de este proyecto y las estrategias que nos apartan del trayecto. La vida urbana todavía no ha comenzado. En la actualidad, concluimos el inventario de los despojos de una sociedad milenaria en la que el campo ha dominado a la ciudad, cuyas ideas y «valores», cuyos tabúes y prescripciones eran en gran parte de origen agrario, de dominio rural y «natural». Del océano campesino emergían apenas ciudades esporádicas. La sociedad rural era, y todavía es, la de la no abundancia, la penuria, la privación asumida o rechazada, las prohibiciones que organizan y regulan las privaciones. La sociedad rural, también fue, por otra parte, la de la fiesta. Sin embargo, este aspecto, el mejor, no se ha mantenido y debemos recuperarlo y no a los mitos ni a los límites. Advertencia decisiva: la crisis de la ciudad tradicional acompaña a la crisis mundial de una civilización agraria igualmente tradicional. Una y otra van unidas, e incluso coinciden. A «nosotros» nos corresponde resolver esta doble crisis, sobre todo creando con la ciudad nueva la *vida nueva en la ciudad*. Los países revolucionarios (por tanto, la Unión Soviética diez o quince años después de la Revolución de Octubre) intuyeron el desarrollo de la sociedad basada en la industria. Pero solo lo intuyeron.

En las frases precedentes, el «nosotros» no supone más que una metáfora. Designa a los interesados. Ni el arquitecto, ni el urbanista, ni el sociólogo, ni el economista, ni el filósofo o el político pueden sacar de la nada y por decreto formas y relaciones nuevas. Para precisar, diríamos que el arquitecto, al igual que el sociólogo, no tiene los poderes de un taumaturgo. Las relaciones sociales no son creadas ni por el uno ni por el otro. En determinadas condiciones favorables, contribuyen a que las tendencias se formulen (tomen forma). Únicamente la vida social (la praxis) en su capacidad global posee estos poderes. O, quizá, no los posee. Las personas antes mencionadas, tomadas por separado o en conjunto, pueden allanar el camino, esto es, pueden también plantear, probar, preparar formas. Y, sobre todo, pueden hacer inventario de la experiencia adquirida, aprender la lección de los fracasos y ayudar al alumbramiento de *lo posible* mediante una mayéutica nutrida de ciencia.

En este punto, conviene señalar la necesidad de una transformación en los procedimientos y en los instrumentos utilizados por los intelectuales. Recurriendo a formulaciones empleadas en otros lugares, ciertos procedimientos mentales, todavía poco familiares, resultan indispensables.

a) *La transducción*. Es una operación intelectual que puede seguirse metódicamente y que difiere de la inducción y de la deducción clásicas, así como de la construcción de «modelos», de la simulación y del simple enunciado de hipótesis. La transducción *elabora* y construye un objeto teórico, un objeto *posible*, a partir de informaciones relativas a la realidad, así como a partir de una problemática planteada por esta realidad. La transducción supone un *feedback* incesante entre el marco conceptual utilizado y las observaciones empíricas. Su teoría (metodología) implica ciertas operaciones mentales espontáneas del urbanista, del arquitecto, del sociólogo, del político y del filósofo. Introduce el rigor en la invención y el conocimiento en la utopía.

b) *La utopía experimental*. En la actualidad, ¿quién no es utopista? Solo aquellos que actúan desde la práctica, estrechamente especializados y que trabajan por encargo sin someter al menor examen crítico las normas y condiciones estipuladas; solo estos personajes poco interesantes escapan al utopismo. Todos son hoy utopistas, incluidos los planificadores que proyectan el París del año 2000, los ingenieros que han fabricado Brasilia y tantos otros. Pero hay varios utopismos. ¿No sería el peor aquel que calla su nombre, que se reviste de positivismo, que como tal impone las condiciones más duras y la más irrisoria falta de aspectos técnicos?

La utopía, por necesidad, debe ser considerada experimentalmente, estudiando sobre el terreno sus implicaciones y consecuencias. Estas pueden sorprendernos. ¿Cuáles son, cuáles serán los lugares socialmente exitosos? ¿Cómo detectarlos? ¿Con qué criterios? ¿Qué tiempos, qué ritmos de vida cotidiana se inscriben, se escriben y se prescriben en estos espacios «exitosos», es decir, que propician la felicidad? Esto es lo que realmente interesa.

Otros procedimientos intelectualmente indispensables serán: discernir, sin *disociarlos*, los tres conceptos teóricos fundamentales, a saber, la estructura, la función y la forma. Conocer su alcance, su área de validez, sus límites y sus relaciones recíprocas; saber que constituyen un todo, pero que los elementos de este todo tienen una cierta independencia y una autonomía relativa; no dar privilegio a uno de ellos, pues ello sería ideología, es decir, un sistema dogmático y cerrado de significaciones: nos referimos al estructuralismo, al formalismo y al funcionalismo. Utilizarlos alternativamente, sobre una base *igualitaria*, para el análisis de lo real (análisis que nunca llega a ser exhaustivo), así como para la operación denominada «transducción». Comprender que una función puede cumplirse mediante estructuras diferentes y que no hay relación unívoca entre los términos. Que función y estructura se cubren con las formas que los muestran y los disimulan; que la triplicidad de estos aspectos constituye un «todo» que va más allá de dichos aspectos, elementos y partes.

Entre los recursos intelectuales de los que disponemos, hay uno que no merece ni el desprecio ni el privilegio de lo absoluto, es el *sistema* (o más bien *subsistema*) de significaciones.

Las políticas tienen su sistema de significaciones –las ideologías– que les permiten subordinar los actos y acontecimientos sociales a sus estrategias.

El humilde habitante cuenta con su sistema de significaciones (o más bien su subsistema) a nivel ecológico. El hecho de habitar en uno u otro sitio supone la recepción, la adopción y la transmisión de un sistema determinado, por ejemplo, el del hábitat de viviendas unifamiliares. El sistema de significados del habitante proclama su pasividad y sus actividades; es heredado y, a su vez, modificado por la práctica. Es percibido.

Los arquitectos parecen haber establecido y dogmatizado un conjunto de significados, mal explicitado y entregado a diversos vocablos: «función», «forma» y «estructura», o, mejor aún, funcionalismo, formalismo y estructuralismo. Lo elaboran partiendo no de significados percibidos y vividos por los que habitan, sino del hecho de un habitar interpretado por ellos. Es verbal y discursivo y tiende al metalenguaje. Es grafismo y visualización. Desde el momento en que estos arquitectos constituyen un cuerpo social, desde el momento en que se vinculan a las instituciones, su sistema tiende a ensimismarse, a imponerse y a eludir toda crítica. Sería preciso formular este sistema, que con frecuencia y por extrapolación ha sido asumido como *urbanismo*, sin más procedimiento ni precaución.

Virtualmente, existe ya la teoría a la que sería lícito denominar *urbanismo*, la cual iría al encuentro de los significados de la antigua práctica denominada *habitar* (es decir, lo humano) añadiendo a estos hechos parciales una teoría general de los *tiempos-espacios* urbanos, que indicaría una práctica nueva derivada de esta elaboración. Solo es concebible en cuanto implicación práctica de una teoría completa de la ciudad y lo urbano, superando las escisiones y separaciones actuales. Especialmente, la escisión entre filosofía de la ciudad y ciencia (o ciencias) de la ciudad, entre parcial y global. En este trayecto pueden figurar los proyectos urbanísticos actuales, pero solo a través de una crítica continua a sus implicaciones ideológicas y estratégicas.

Suponiendo que hoy sea factible definir nuestro objeto –*lo urbano*–, este no estará enteramente presente ni será plenamente actual frente a nuestra reflexión. Más que cualquier otro objeto, posee un carácter de totalidad extremadamente complejo, en la práctica y en potencia, que apunta a una investigación que poco a poco se descubre y que solo lentamente –o quizá nunca– se agotará. Tomar este «objeto» como real, presentarlo como verdadero, es una ideología, una operación mitificadora. El conocimiento no debe fijarse en un solo modo de operar. Por ello, debe tener en cuenta un número considerable de métodos para abordar este objeto. Las divisones analíticas se acercarán lo más posible a los vínculos internos de esta «cosa», que no es tal cosa, e irán acompañados de reconstrucciones nunca terminadas. Descripciones, análisis y tentativas de síntesis no pueden aparecer nunca ni como exhaustivas ni como definitivas. Así pues, todas las nociones, toda una batería de conceptos, entran en acción: forma, estructura, función, nivel, dimensión, variables dependientes e independientes, correlaciones, totalidad, conjunto, sistema, etc. Aquí, más que en cualquier otra parte, *el residuo* adquiere una importancia primordial. Cada «objeto» construido será, a su vez, sometido al examen crítico. En la medida de lo posible, será realizado y sometido a verificación experimental. La ciencia de la ciudad necesita un periodo histórico para constituirse y para orientar la práctica social.

Esta ciencia, aunque necesaria, no es suficiente. Al mismo tiempo que su necesidad, percibimos sus límites. La reflexión urbanística propone el establecimiento o la reconstitución de unidades sociales (localizadas) fuertemente originales, particularizadas y centralizadas, con unas vinculaciones y tensiones capaces de restablecer una unidad urbana, con su jerarquía y su estructura, aunque maleable. Más concretamente, la reflexión sociológica apunta al conocimiento y a la recuperación de las capacidades integrativas de lo urbano, así como a las condiciones de la participación práctica. ¿Por qué no? Existe una condición: no privar nunca a estos intentos de parcelación —por tanto, parciales— de la crítica, de la verificación práctica y de la preocupación global.

El conocimiento puede, pues, construir y proponer «modelos». En este sentido, cada «objeto» no es otra cosa que un modelo de realidad urbana. Y, sin embargo, semejante «realidad» nunca podrá ser manejada como cosa, nunca adquirirá rango instrumental. Ni siquiera para el más operativo conocimiento. ¿Quién no desearía que la ciudad volviera a lo que fue: acto y obra de un pensamiento complejo? Mientras tanto, nos mantenemos en el nivel de los deseos y las aspiraciones, sin determinar una *estrategia urbana*. Esta última no puede ignorar, por una parte, las estrategias existentes y, por otra, los conocimientos adquiridos: la ciencia de la ciudad, el conocimiento orientado a la planificación del crecimiento y el dominio del desarrollo. Quien dice «estrategia» dice jerarquía de las variables a tomar en consideración, de las que algunas tienen una capacidad estratégica, situándose otras simplemente en el nivel táctico, es decir, constituyendo una fuerza susceptible de ejecutar esta estrategia sobre el terreno. Solo los grupos, las clases o las fracciones de clases sociales capaces de tener iniciativas revolucionarias pueden hacerse cargo de ello y llevar hasta su realización efectiva las soluciones a los problemas urbanos; la ciudad renovada será la obra de estas fuerzas sociales y políticas. En primer lugar, se precisa deshacer las estrategias y las ideologías dominantes en la sociedad actual. Que haya varios grupos o varias estrategias con divergencias entre, por ejemplo, lo estatal y lo privado en nada cambia la situación. Desde las cuestiones relativas a la propiedad inmobiliaria hasta los problemas de segregación, cada proyecto de *reforma urbana* pone en cuestión las estructuras: las de la sociedad existente, las de las relaciones inmediatas (individuales) y cotidianas, pero también las que se pretende imponer por vía coactiva e institucional a lo que queda de realidad urbana. La estrategia de renovación urbana, intrínsecamente *reformista*, se torna «forzosamente» revolucionaria, no por la fuerza de las cosas, sino porque va en contra de las cosas establecidas. La estrategia urbana surgida de la ciencia de la ciudad necesita apoyo social y fuerzas políticas para operar. No actúa por sí sola. No puede dejar de apoyarse en la presencia y en la acción de la clase obrera, la única capaz de poner fin a una segregación dirigida esencialmente contra ella. Solo esta clase, en cuanto tal, puede contribuir decisivamente a la reconstrucción de la centralidad destruida por la estrategia de segregación y retomada bajo la amenazadora forma de los «centros de decisión». Esto no quiere decir que la clase obrera vaya por sí sola a construir la sociedad urbana. Significa que sin ella nada es posible. Sin ella, la integración carece de sentido y continuará la desintegración bajo la máscara y la nostalgia de la integración. Esto no es solo una opción, sino un horizonte que se abre o se cierra. Cuando la clase obrera calla, cuando no actúa y no puede cumplir lo que la teoría define como su «misión histórica», faltan entonces el «sujeto» y el «objeto». El pensamiento reflexivo ratifica esta ausencia. Eso quiere decir que conviene elaborar dos series de proposiciones:

a) *Un programa político de reforma urbana*, reforma no definida por los marcos y posibilidades de la sociedad actual, no sujeta al «realismo», pese a estar basada en el estudio de realidades (dicho de otro modo: la reforma así concebida no se limita al reformismo). Este programa tendrá, pues, un carácter singular e incluso paradójico. Se establecerá para ser propuesto a las fuerzas políticas, es decir, a los partidos. Puede añadirse incluso que será sometido preferentemente a los partidos «de izquierda», dicho en referencia a formaciones políticas que representan o quieren representar a la clase obrera. Pero no se establecerá en función de estas fuerzas y formaciones. Con respecto a ellas, tendrá un carácter específico, que deriva del conocimiento. Tendrá, pues, una parte científica. Será *propuesto* (presto a ser modificado por y para los que lo sustentan). Que las fuerzas políticas acepten sus responsabilidades. En este ámbito, que compromete el porvenir de la sociedad moderna y el de los productores, la ignorancia y el desconocimiento conllevan responsabilidades ineludibles ante la historia.

b) *Proyectos urbanísticos* muy osados, incluyendo «modelos», formas de espacio y tiempos urbanos, sin preocuparse de si actualmente pueden ser realizados o no, sin preocuparse de su carácter utópico o no (es decir, proyectos lúcidamente «utópicos»). No parece que estos modelos puedan surgir, bien sea de un simple estudio de las ciudades y los tipos urbanos existentes, bien sea de una simple combinación de elementos. Las formas de los tiempos y del espacio serán, salvo experiencia contraria, inventadas y propuestas a la práctica. Que la imaginación se despliegue, no lo imaginario que permite la huida y la evasión que sirve de vehículo a las ideologías, sino lo imaginario que se implica en la *apropiación* (del tiempo, del espacio, de la vida fisiológica y del deseo). A la ciudad eterna, ¿por qué no oponerle ciudades efímeras y centralidades móviles con centros estables? Todas las audacias están permitidas. ¿Por qué limitar estas proposiciones a la sola morfología del espacio y el tiempo? No deben excluirse las proposiciones relativas al estilo de vida, a la manera de vivir en la ciudad y al desarrollo de lo urbano en este plano.

Estas dos series contemplan proposiciones a corto, a medio y a largo plazo, constituyendo estas últimas la estrategia urbana propiamente dicha.

La sociedad en la que vivimos parece orientarse a la plenitud o, al menos, a lo pleno (objetos y bienes durables, cantidad, satisfacción, racionalidad). De hecho, permite que se abra un vacío colosal en el que se agitan las ideologías y se extiende la bruma de la retórica. Una de las propuestas más relevantes que puede hacerse al pensamiento activo, fruto de la especulación y la contemplación, pero también fruto de divisiones fragmentarias y conocimientos parcelarios, consiste en colmar este vacío y no solamente con el lenguaje.

En un periodo en el que los ideólogos discurren profusamente sobre las estructuras, la desestructuración de la ciudad muestra la profundidad de los fenómenos de desintegración (social y cultural). Esta sociedad, considerada globalmente, aparece repleta de obstáculos. Entre los subsistemas y las estructuras consolidadas por diversos medios (coacción, terror y persuasión ideológica) hay grietas que a veces son abismos. Estos vacíos que aparecen no son fruto del azar. Son también los lugares de *lo posible*. Contienen los elementos, en suspensión o dispersados, pero no la fuerza capaz de conjugarlos. Es más, las acciones estructurantes y el poder del vacío social tienden a impedir la acción y la simple presencia de una fuerza así. Las instancias de lo posible solo pueden realizarse en el curso de una metamorfosis radical.

En esta coyuntura, la ideología pretende dar a la «cientificidad» un carácter absoluto: la ciencia apuntará lo real, descomponiéndolo y recomponiéndolo. De este modo, anulará lo posible y cortará el camino. Y, sin embargo, la ciencia (es decir, las ciencias fragmentarias) en una coyuntura así tiene un alcance únicamente *programático*. Aporta los elementos a un programa. Si se admite que estos elementos constituyen ya desde ahora una totalidad, si se pretende ejecutar literalmente el programa, se tratará, pues, el objeto virtual como un objeto técnico. Se lleva a cabo un proyecto sin crítica ni autocrítica y este proyecto da lugar, reflejándola sobre el terreno, a una ideología, la de los tecnócratas. Lo programático, aunque necesario, no es suficiente. A lo largo de la ejecución, se transforma. Solo la fuerza social capaz de implicarse a sí misma en lo urbano, en el curso de una larga experiencia política, puede asumir la realización del programa que estructura a la sociedad urbana. Recíprocamente, la ciencia de la ciudad aporta a esta perspectiva un fundamento teórico y práctico, una base positiva. La utopía controlada por la razón dialéctica sirve de defensa ante las ficciones que se pretenden científicas, ante lo imaginario que acaba perdiéndose. Por otra parte, este fundamento y esta base impiden que la reflexión se pierda en la pura programática. El movimiento dialéctico se presenta aquí como una relación entre la ciencia y la fuerza política, como un diálogo, lo que actualiza las relaciones «teoría-práctica» y «positividad-negatividad crítica».

El *arte*, necesario como la ciencia y a su vez insuficiente, aporta a la realización de la sociedad urbana su larga reflexión respecto a la vida como drama y goce. Además y sobre todo, el arte restituye el sentido de la obra; proporciona múltiples imágenes de tiempos y de espacios *apropiados*: no padecidos, no asumidos desde una resignación pasiva, convertidos en obra. La música muestra la apropiación del tiempo, la pintura y la escultura la del espacio. Si las ciencias descubren unos determinismos parciales, el arte (y también la filosofía) muestra cómo una totalidad nace a partir de determinismos parciales. A la fuerza social capaz de realizar la sociedad urbana incumbe hacer efectiva y eficaz la unidad (la «síntesis») del arte, de la técnica y del conocimiento. El arte y la historia del arte, al igual que la ciencia de la ciudad, pasan a formar parte de la reflexión sobre lo urbano, que pretende convertir en eficaces las imágenes que lo anuncian. Esta reflexión acerca de la acción realizadora sería utópica y realista, superando, de este modo, tal oposición. Se puede incluso afirmar que el *máximo* de utopismo acompañará al óptimo de realismo.

Entre las contradicciones características de la época, están aquellas (particularmente duras) referidas a las realidades de la sociedad y a los hechos civilizatorios que a ella se vinculan. Por un lado, el genocidio. Por otro, los avances (médicos y otros) que permiten salvar a un niño o prolongar una agonía. Una de las últimas contradicciones, y no la menor, ha sido puesta en evidencia aquí: la contradicción entre la *socialización de la sociedad* y la *segregación generalizada*. Existen también muchas otras; por ejemplo, la contradicción entre la etiqueta de revolucionario y la referida a categorías de un racionalismo productivista superado. A través de los efectos sociales derivados de la presión de las masas, lo individual, lejos de morir, se afirma. Aparecen así los *derechos*, los cuales se inscriben en costumbres o prescripciones más o menos seguidas de hechos.

Es ya sabido cómo estos «derechos» concretos vienen a completar los derechos abstractos del hombre y del ciudadano tallados por la democracia durante sus inicios revolucionarios en el frontispicio de los edificios: derechos referidos a la edad y al sexo (la mujer, el niño, el anciano), derechos referidos a la condición social (el proletario, el campesino), derechos a la instrucción y la educación, derecho al trabajo, a la cultura, al reposo, a la salud, al alojamiento. Pese o gracias a las grandes destrucciones, a las guerras mundiales, a las amenazas y al terror nuclear, la presión de la clase obrera ha sido y continúa siendo necesaria (pero no suficiente) para alcanzar el reconocimiento de estos derechos, para insertarlos en las lógicas rutinarias, para ser inscritos en códigos aún muy incompletos.

Curiosamente, el *derecho a la naturaleza* (al campo y a la «pura naturaleza») se incorpora a la práctica social desde hace algunos años a través del *ocio*. Se ha abierto camino mediante las clásicas protestas contra el ruido, la fatiga, la ciudad como «campo de concentración» (cuando la ciudad se pudre o se desintegra). Extraño recorrido, diríamos: la naturaleza se incorpora al valor de cambio y a la mercancía; se compra y se vende. El ocio comercializado, industrializado, organizado institucionalmente, destruye esta «naturalidad» de la que nos ocupamos para manipularla y para traficar con ella. La «naturaleza» o lo que se pretende pasar por ella, lo que de ella sobrevive, se convierte en un gueto de ocio, en un lugar separado del goce y alejado de la «creatividad». Los urbanitas llevan lo urbano consigo, y ello incluso si no aportan la urbanidad. El campo, por ellos colonizado, ha perdido las cualidades, las propiedades y el encanto de la vida campesina. Lo urbano arrasa el campo; este campo urbanizado se opone a una ruralidad desposeída, caso extremo de la enorme miseria del habitante, del hábitat y del habitar. ¿El derecho a la naturaleza y el derecho al campo no se destruirán a sí mismos?

Frente a este derecho o pseudoderecho, el *derecho a la ciudad* se plantea como una denuncia, como una exigencia. Este derecho camina lentamente a través de sorprendentes desvíos (la nostalgia, el turismo, el retorno al corazón de la ciudad tradicional, la apelación a las centralidades existentes o a otras elaboradas *ex novo*). La reivindicación de la naturaleza, el deseo de gozar de ella, desvía el foco del derecho a la ciudad. Esta última reivindicación se enuncia indirectamente como una tendencia a huir de la ciudad deteriorada y no renovada, es decir, hablamos de la vida urbana alienada antes de existir «realmente». La necesidad y el «derecho» a la naturaleza contradicen al derecho a la ciudad sin conseguir eludirlo. (Ello no significa que no sea preciso reservar vastos espacios «naturales» ante la diseminación de una ciudad que ha estallado).

El *derecho a la ciudad* no puede concebirse como un simple derecho de visita o como un retorno a las ciudades tradicionales. Solo puede formularse como un *derecho a la vida urbana*, transformada, renovada. Poco importa que el tejido urbano *encierre* el campo y lo que subsiste de vida campesina, siempre que «lo urbano» –lugar de encuentro, prioridad del valor de uso, inscripción en el espacio de un tiempo elevado al rango de bien supremo entre los bienes– encuentre su base morfológica, su realización práctico-sensible. Ello exige una teoría integral de la ciudad y de la sociedad urbana que utilice los recursos de la ciencia y del arte. Únicamente la clase obrera puede convertirse en agente, vehículo o apoyo social de esta realización. Aquí, nuevamente, igual que hace un siglo, la clase obrera niega y cuestiona, a través de su mera existencia, la estrategia de clase dirigida en su contra. Como hace un siglo, aunque en condiciones nuevas, concilia los intereses (superando lo inmediato y lo superficial) de toda la sociedad y, sobre todo, de todos los que *habitan*. Los dioses del Olimpo y la nueva aristocracia burguesa (¿quién lo ignora?) no habitan ya. Van de palacio en palacio o de castillo en castillo; desde un yate comandan una flota o un país; están en todas partes y en ninguna. Ello explica que fascinen a personas sumidas en lo cotidiano; trascienden la cotidianidad; poseen la naturaleza y dejan a los esbirros fabricar la cultura. ¿Es indispensable describir con minuciosidad, junto a la condición de los jóvenes y la juventud, de los estudiantes e intelectuales, de los ejércitos de trabajadores de cuello blanco o no, provincianos, colonizados y semicolonizados de todo tipo, de todos los que soportan una cotidianidad perfectamente planificada, es necesario, digo, exhibir la penosa miseria –sin ser trágica– de los habitantes de los suburbios, de las personas que pasan sus días en guetos residenciales, en los centros en descomposición de las antiguas ciudades y en las expansiones alejadas de los centros de estas ciudades? Basta con abrir los ojos para comprender la vida cotidiana del individuo que corre desde su vivienda a la estación, más cercana o más lejana, o al metro abarrotado y, de ahí, a la oficina o a la fábrica, para por la noche retomar ese mismo camino y volver a su hogar a recuperar fuerzas para proseguir al día siguiente. A la imagen de esta miseria generalizada le acompañaría la escena de las «satisfacciones» que la oculta, convirtiéndose así en medio para eludirla y evadirse de ella.

13. ¿Perspectiva o prospectiva?

Desde sus inicios, la filosofía clásica, que tiene como base social y fundamento teórico a la ciudad y que se dedica, por tanto, a pensarla, se esfuerza por determinar la imagen *ideal* de esta. El *Critias* de Platón ve en la ciudad una imagen del mundo o, mejor aún, del cosmos, un microcosmos. El tiempo y el espacio urbanos reproducen sobre la tierra la configuración del universo tal como la descubre el filósofo.

En la actualidad, si queremos obtener una representación de la ciudad «ideal» y de sus relaciones con el universo, no habría que buscar esta imagen entre los filósofos y mucho menos en la visión analítica que divide la realidad urbana en fracciones, en sectores, en relaciones, en correlaciones. La representación nos la aportan, precisamente, los autores de ciencia ficción. En las novelas de ciencia ficción todas las variantes posibles e imposibles de la futura realidad urbana han sido contempladas. En unos casos, los antiguos núcleos urbanos –las *arquépolis*– agonizan, cubiertos por un tejido urbano que –más o menos tupido, más o menos deteriorado o descompuesto– prolifera y se extiende sobre el planeta; en estos núcleos condenados a la desaparición tras una larga decadencia, viven o vegetan los fracasados, los artistas, los intelectuales, los gánsteres. En otros casos, se reconstruyen ciudades colosales y se llevan a un nivel más elevado las luchas anteriores por el poder. En casos extremos, como en la obra magistral de Asimov, *La Fundación*, una ciudad gigante, Trántor, cubre todo un planeta y acapara todos los medios de conocimiento y de poder. Es un centro de decisión a escala de una galaxia a la que domina. A través de grandiosas peripecias, Trántor salva el universo y lo conduce hacia su fin, es decir, hacia el «reino de los fines», alegría y felicidad en la desmesura, al fin sometida, dentro de un espacio cósmico y de un tiempo del mundo al fin apropiados. Entre estos dos extremos los visionarios de la ciencia ficción han situado versiones intermedias: la ciudad regida por un poderoso ordenador, la ciudad especializada en una producción indispensable y que se desplaza entre los sistemas planetarios y las galaxias, etc.

¿Es necesario explorar tan remotamente, es necesario explorar el horizonte de los horizontes? La ciudad ideal, la Nueva Atenas, se perfila ante nuestra vista. Nueva York y París cuentan ya con una imagen, sin olvidar algunas otras ciudades. Los centros de decisión y los centros de consumo acaban coincidiendo. Basada en esta convergencia estratégica, en esta alianza sobre el terreno, se crea una centralidad exorbitante. El centro de decisión, como es sabido, comprende todos los cauces de interacción ascendente y descendente, todos los medios de formación cultural y científica. La coacción y la persuasión convergen, junto al poder de decisión y la capacidad de consumo. Este centro, ampliamente ocupado y habitado por los nuevos Amos, se convierte en su posesión. Ellos poseen –sin que necesariamente detenten la propiedad al completo– este espacio privilegiado, eje de una programación espacial rigurosa. Sobre todo, tienen el privilegio de poseer el tiempo. A su alrededor, repartidos en el espacio según principios formales, hay grupos humanos a los que no cabe ya denominar como esclavos, siervos, vasallos, ni siquiera proletarios. ¿Cómo llamarlos? Oprimidos. Se ocupan de múltiples «servicios» destinados a los Amos de este Estado sólidamente asentado en la ciudad. Estos Amos encuentra a su alrededor todos los placeres culturales y de otro tipo, desde salas de baile al esplendor de la ópera, sin excluir algunas fiestas completamente programadas. ¿No es esa en realidad la Nueva Atenas, con su «minoría de ciudadanos libres» a quienes pertenecen los lugares sociales de los que disfrutan? ¿No es esta minoría de ciudadanos libres la que domina a una enorme masa de oprimidos que, en principio, serían libres, aunque realmente –e incluso voluntariamente– son servidores, tratados y manipulados según métodos racionales? ¿Acaso los mismos sabios y los sociólogos en primera línea, bien diferentes a los antiguos filósofos, no se cuentan también entre estos servidores del Estado, del orden, del hecho consumado, bajo el marchamo del empirismo y el rigor, de la cientificidad? Incluso cabría cifrar las posibilidades: un 1 por ciento de la población activa entre directores, jefes, presidentes de esto o lo otro, élites, grandes escritores y artistas, grandes animadores o informadores. Es decir, algo menos de medio millón de nuevos notables para la Francia del siglo XXI. Cada uno con su familia y su séquito, cada uno con su «casa». El dominio *de* y *por* la centralidad en nada impide la tenencia de propiedades secundarias, el goce de la naturaleza, el mar, la montaña y las ciudades antiguas (que pueden serles reservadas gracias al vaivén de los precios, viajes, hotel, etc.). Luego tendríamos alrededor de un 4 por ciento de *executive men*, administradores, ingenieros, sabios. Después de una selección, los más eminentes son admitidos en el corazón de la ciudad. Para esta selección, basta quizá con las ganancias y con los ritos mundanos, sin que haya que recurrir a coacciones. Los otros, subordinados privilegiados, también tienen propiedades repartidas según una lógica racional. El capitalismo de Estado ha preparado cuidadosamente este logro antes de alcanzarlo. Sin omitir la ordenación de los diversos guetos urbanos, ha confeccionado para los sabios y la ciencia un sector severamente competitivo; en los laboratorios y universidades, sabios e intelectuales se han enfrentado de manera puramente competitiva, con un celo digno de mejor causa, para el más importante de los Amos de lo económico y lo político, para gloria y goce de los dioses del Olimpo. Además, a estas élites secundarias se les asigna residencia en «ciudades científicas», campus universitarios, guetos para intelectuales. La masa, por su parte, forzada a través de múltiples coacciones, se aloja espontáneamente en ciudades satélite, en periferias prediseñadas, en guetos más o menos «residenciales»; a ella no le queda sino un espacio celosamente delimitado; el tiempo se le escapa. Su vida cotidiana está condicionada (sin quizá saberlo) por las exigencias de la concentración de poderes. Pero sin referirse a campos de concentración. Bajo un pretexto de racionalidad, organización y programación, todo lo dicho puede prescindir perfectamente de una ideología de la libertad. Estas masas que no merecen la denominación de pueblo, ni de popular, ni de clase obrera, viven «relativamente bien», al margen de que su vida cotidiana está completamente dirigida y de que sobre ella pesa la amenaza permanente del paro, que contribuye a un terror latente y generalizado.

Si alguno sonríe ante esta utopía, estará ciertamente en un error. Sin embargo, ¿cómo demostrárselo? Cuando sus ojos se abran será demasiado tarde. Exigen pruebas. ¿Cómo mostrar la luz a un ciego, cómo mostrar el horizonte a un miope, aun si él conoce la teoría de los conjuntos, la de los *«clusters»*, la minuciosidad del análisis de varianzas o los encantos precisos de la lingüística?

Desde la Edad Media, en la civilización europea cada época ha tenido su imagen de *lo posible*, su sueño, su imaginario paradisíaco o infernal. Cada periodo, y quizá cada generación, ha tenido su representación del mejor de los mundos o de una vida nueva, y esto ha constituido parte importante, por no decir esencial, de las ideologías. Para cumplir tal función, el siglo XVIII, que pasa por tan brillante, solo contó con la imagen, algo pobre, del «Buen Salvaje» de las islas paradisíacas. A este exotismo, algunos individuos del siglo XVIII añadieron, sin duda, una representación más cercana, aunque algo adornada, de Inglaterra. Comparándonos con ellos, *nosotros* (este término designa aquí a una muchedumbre mal determinada, a un grupo informal y difícil de conjuntar de personas que viven y piensan en Francia, en París y fuera de París, en los inicios de la segunda mitad del siglo XX, intelectuales en su mayoría) disponemos de un amplio repertorio. Para imaginar el porvenir, contamos con múltiples modelos, numerosos horizontes y recorridos que no convergen: la Unión Soviética y Estados Unidos, China, Yugoslavia, Cuba, Israel. Sin olvidar Suecia o Suiza. Sin obviar a los bororos.

Y mientras se urbaniza la sociedad francesa, París se transforma y determinados poderes, por no decir *el poder*, modelan la Francia del año 2000, nadie piensa ni en la ciudad ideal ni en aquella que crece en torno a la ciudad real. La utopía se vincula a múltiples realidades, más o menos lejanas, más o menos conocidas o desconocidas. No se vincula ya a la vida real y cotidiana. No nace ya de las ausencias y las lagunas que salpican cruelmente la realidad circundante. La mirada se desvía y abandona el horizonte, se pierde en las nubes, en otra parte. Tal es el poder de manipulación de las ideologías, justo en el instante exacto en que ya no se cree en la ideología, sino en el realismo y el racionalismo.

Antes, al cuestionar las ambiciones de las disciplinas parciales y también de las tentativas interdisciplinarias, se ha afirmado que *la síntesis pertenece a la política* (es decir, que toda síntesis de datos analíticos relativos a la realidad urbana oculta una *estrategia* bajo la apariencia de una filosofía o una ideología). ¿Sería, pues, cuestión de dejar la decisión en manos de hombres de Estado? Ciertamente no. Y tampoco en manos de expertos y especialistas. El término *política* no ha sido utilizado en esta acepción restringida. Una proposición tal debe entenderse en un sentido opuesto al que acaba de ser enunciado. La capacidad de síntesis pertenece a las fuerzas políticas que en realidad son fuerzas sociales (clases, fracciones de clases, recomposiciones o alianzas de clases). O existen o no existen, o se manifiestan y se expresan o no. Toman la palabra o guardan silencio. A ellas corresponde señalar sus necesidades sociales, marcarles el rumbo a las instituciones existentes, ampliar el horizonte y reivindicar un porvenir que será su obra. Si los habitantes de diversas categorías y «estratos» se dejan utilizar y manipular, si se dejan desplazar aquí o allá bajo pretexto de la «movilidad social», si aceptan las condiciones de una explotación más sutil y extendida que antaño, peor para ellos. Si la clase obrera calla, si no actúa, bien espontáneamente, o bien por mediación de sus representantes y mandatarios institucionales, la segregación continuará con unos resultados que no dejarán de potenciarse (la segregación tiende a impedir la protesta, la oposición y la acción, al dispersar a los que podrían protestar, oponerse y actuar). Desde esta perspectiva, la vida política podrá poner en entredicho el centro de decisión político o, por el contrario, lo reforzará. Por lo que respecta a los partidos y a los hombres, esta opción será un *criterio de democracia*.

El hombre político tiene la necesidad de una *teoría* que le ayude a definir su trayecto. Si bien parece que nos encontramos ante grandes dificultades. Por ello cabe preguntarse: ¿cómo puede haber una *teoría* de la sociedad urbana, de la ciudad y *lo urbano*, de la realidad y de las posibilidades, sin una síntesis?

Dos hipótesis dogmáticas han sido ya rechazadas: la sistematización filosófica y la sistematización a partir de análisis fragmentarios (al amparo de esta u otra «disciplina» o de la investigación llamada «interdisciplinaria»). No obstante, se abre una nueva vía: la vía que pasa precisamente por la apertura. No puede ya pretenderse una síntesis completa, dentro del marco del conocimiento. La unidad perfilada se define por la convergencia que solo una práctica puede realizar entre:

a. los objetivos escalonados en el tiempo de la acción política, pasando de lo posible a lo imposible, es decir, de lo que es posible *hic et nunc* a lo que, aunque imposible hoy, en el transcurso de esta misma acción se hará posible mañana;

b. los elementos teóricos aportados por el análisis de la realidad urbana, por el conjunto de conocimientos manejados a lo largo de la acción política y ordenados, utilizados y dominados por esta acción;

c. los elementos teóricos aportados por la filosofía, la cual aparece con un nuevo esplendor, tiene una historia que se escribe desde otra perspectiva donde se transforma la mediación filosófica en función de la realidad o, mejor aún, de la realización pretendida;

d. los elementos teóricos aportados por el arte, concebido como capacidad de transformar la realidad, de *apropiarse*, en el nivel superior, los datos de lo «vivido», del tiempo, del espacio, del cuerpo y el deseo.

A partir de esta convergencia se pueden definir las condiciones previas. Es esencial dejar de considerar por separado la industrialización y la urbanización. Así, en la urbanización se debe percibir el sentido, la meta, la finalidad de la industrialización. En otros términos, es esencial no abordar el crecimiento económico en cuanto que crecimiento, pues esta ideología «economicista» oculta algunos planteamientos estratégicos: el sobrebeneficio y la sobreexplotación capitalistas, el control de lo económico (por lo demás no alcanzado por este mismo hecho) en favor del Estado. Los conceptos de equilibrio económico, de crecimiento armonioso y de mantenimiento de las estructuras (donde las relaciones estructuradas-estructurantes se corresponden con las relaciones de producción y propiedad existentes) deben subordinarse a los conceptos, virtualmente más poderosos, de desarrollo y de racionalidad concreta que emergen de los conflictos.

En otros términos, se trata de *orientar el crecimiento*. Las formulaciones difundidas que se pretenden democráticas (el crecimiento para el bienestar común o por el «interés general») pierden su sentido: tanto el liberalismo como la ideología economicista, así como la planificación estatal centralizada. Semejante ideología, se llame o no *prospectivista*, reduce la *prospectiva* a incrementos salariales o a un reparto mejor de la renta nacional, cuando no a la asociación, más o menos revisada y corregida, de «capital-trabajo».

Orientar el crecimiento hacia el desarrollo, por tanto, hacia la *sociedad urbana*, quiere decir, ante todo, prospectar las *nuevas necesidades*, sabiendo que semejantes necesidades se van descubriendo conforme emergen y se revelan a lo largo de la prospección. Por tanto, no preexisten como objetos. No figuran en lo «real», tal como los entienden los estudios de mercado y de motivaciones (individuales). Ello supone, por consiguiente, sustituir la planificación económica por una planificación social, cuya teoría apenas está elaborada. Las necesidades sociales requieren de la producción de nuevos «bienes» que no son este u otro *objeto*, sino objetos sociales en el espacio y en el tiempo. El hombre de la sociedad urbana es *ya* un hombre rico en necesidades: el hombre de necesidades ricas que esperan la objetivación y la realización. La sociedad urbana supera la vieja y nueva pobreza, tanto la miseria de la subjetividad aislada como la pobre necesidad de dinero con sus símbolos tardíos: la «pura» mirada, el «puro» signo, el «puro» espectáculo.

La orientación no se define, por tanto, por una síntesis efectiva, sino por una convergencia, es decir, una virtualidad que se perfila para realizarse únicamente en el *límite*; este límite no se sitúa en el infinito, sino que puede llegarse a él mediante avances y saltos sucesivos. Imposible instalarse en él en cuanto que realidad consumada. Ese es el rasgo esencial de este procedimiento al que hemos llamado «transducción», construcción de un objetivo virtual próximo a partir de datos experimentales. El horizonte se ilumina y llama a la realización.

La orientación reacciona sobre la investigación de los datos. La investigación así concebida deja de ser una investigación indeterminada (empirismo) o la simple verificación de una tesis (dogmatismo). En particular, la filosofía y su historia, el arte y sus metamorfosis aparecen transformados bajo esta luz.

Respecto al análisis de la realidad urbana, comprobamos que se modifica, ya que la investigación encuentra «algo» desde el punto de partida y porque la orientación influye sobre las hipótesis. No es ya cuestión de aislar los puntos del espacio y del tiempo, de considerar por separado actividades y funciones, de estudiar aparte los comportamientos y las imágenes, las distribuciones y las relaciones. Estos diversos aspectos de una producción social, la de la ciudad y la sociedad urbana, se sitúan en relación a una *perspectiva* de explicación y previsión. El método consistirá, pues, en superar tanto la descripción (ecología), como el análisis (funcional-estructural) sin, por otra parte, abolirlos, para así poder captar lo concreto del drama urbano. Las indicaciones formales provendrán de una teoría general de las formas. Según esta teoría, hay una forma de la ciudad: reunión, simultaneidad y encuentro. El proceder intelectual vinculado a estas operaciones, a las que codifica o apoya metodológicamente, ha sido llamado transducción.

Científicamente hablando, resulta esencial distinguir entre *variables estratégicas* y *variables tácticas*. Una vez distinguidas claramente, las primeras se subordinan a las segundas. ¿Aumento de salarios? ¿Mejor reparto de la renta nacional? ¿Nacionalización de esto o de aquello? De acuerdo, pero solo son variables tácticas. Así sucede respecto al porvenir de la sociedad urbana con la supresión de las servidumbres que padecen los terrenos para edificar, su municipalización, su estatalización y su socialización. Magnífico. Estamos de acuerdo. ¿Pero con qué objetivo? El aumento de tasas y ritmos de crecimiento se incorpora a las variables estratégicas, pues el crecimiento cuantitativo plantea ya problemas cualitativos que conciernen a la finalidad de este proceso: el desarrollo. No se trata solo de las tasas de crecimiento de la producción y la renta, sino del reparto de las mismas. ¿Qué parte de la producción incrementada y de la renta global aumentada será asignada a las necesidades sociales y a la «cultura» de la realidad urbana? La transformación de la cotidianidad ¿no forma parte acaso de las variables estratégicas? Podemos creerlo. Por tomar un ejemplo, podemos señalar que la estructura de los horarios (según jornadas, años) no carece de interés. Constituye, simplemente, una minúscula acción táctica. La creación de nuevas dotaciones destinadas a la vida de niños y adolescentes (guarderías, zonas de juego y deporte, etc.), la conformación de un aparato muy simple de pedagogía social, que informara tanto sobre la propia vida social como sobre la vida sexual y el arte de vivir, así como sobre el arte sin más aditamento, sería ya una institución con un alcance mucho mayor; marcaría, en este ámbito, el paso de *lo táctico* a *lo estratégico*.

Las variantes de los proyectos elaborados por los economistas dependen también de estrategias generalmente mal explicitadas. Frente a las estrategias de clase que utilizan instrumentos científicos a menudo muy poderosos y que tienden a abusar tanto de la ciencia (mejor dicho, de la cientificidad, de un aparato ideológico de rigor y coacción) como de un medio para persuadir e imponer, se impone la necesidad de dar la vuelta al conocimiento, haciéndole poner de nuevo los pies sobre la tierra.

¿El socialismo? Naturalmente: de eso se trata. Pero ¿de qué socialismo se trata? ¿Qué concepto y qué teoría de la sociedad socialista habrán de inspirarlo? ¿Bastará la definición de esta sociedad tomando como referencia la organización planificada de la producción? No. En la actualidad, el socialismo solo puede concebirse como producción orientada hacia las necesidades sociales y, por consiguiente, hacia las necesidades de la sociedad urbana. Los objetivos tomados en préstamo de la mera industrialización están en vías de superación y de transformación. Esta es la tesis o hipótesis estratégica que aquí formulamos. ¿Cuáles son sus condiciones, sus precedentes? Ya los conocemos: un elevado nivel de producción y productividad (que rompa con la explotación reforzada de una minoría relativamente decreciente de trabajadores manuales e intelectuales altamente productivos); un alto nivel técnico y cultural. A ello añadiríamos la instauración de relaciones sociales nuevas, sobre todo entre gobernantes y gobernados, entre «sujetos» y «objetos» de las decisiones. Estas condiciones están virtualmente realizadas en los grandes países industrializados. Su formulación no excede lo *posible*, incluso si este posible pareciera alejado de lo real e incluso si realmente lo estuviera.

Las posibilidades surgen de un doble examen: *científico* (proyecto y proyección, variantes de los proyectos, previsiones) e *imaginario* (en el límite: la ciencia ficción). ¿Por qué lo imaginario habría de proyectarse únicamente fuera de lo real, en vez de fecundar la realidad? Si hay menoscabo del pensamiento en y a través de lo imaginario es porque este imaginario está manipulado. Lo imaginario es también un hecho social. ¿No reclaman acaso los especialistas la intervención de la imaginación y de lo imaginario cuando aclaman «al hombre de síntesis», cuando están dispuestos a recibir al «nexialista» o al «generalista»?

Durante dos siglos, la industria ha comandado el gran resurgir de la mercancía (que le preexistía, aunque *limitada* a la vez por las estructuras agrarias y por las urbanas). Ha permitido una extensión ilimitada del valor de cambio. Ha inscrito en la mercancía no solo una manera de poner a las personas en relación, sino también una lógica, un lenguaje y un mundo. La mercancía ha hecho estallar las barreras y este proceso aún no ha terminado. El automóvil, objeto-guía actual en el mundo de las mercancías, tiende a hacer saltar esta última barrera: la ciudad. Fue esta, pues, la época de la economía política y de su reinado con las dos variantes: economicismo liberal, economicismo planificador. En la actualidad, se esboza ya la superación del economicismo. ¿Hacia dónde? ¿Hacia una ética o una estética, un moralismo o un esteticismo? ¿Hacia nuevos «valores»? No. Se trata de una superación por y en la práctica: de *un cambio de práctica social.* El valor de uso, subordinado durante siglos al valor de cambio, puede recuperar así el primer plano. ¿Cómo? Por y en la sociedad urbana, partiendo de esta realidad que resiste todavía y conserva para nosotros la imagen del valor de uso: la ciudad. Que la realidad urbana esté destinada a los «usuarios» y no a los especuladores, a los promotores capitalistas, a los planes de los técnicos, es una versión ajustada de esta verdad pero algo débil.

Resulta factible concebir una variable estratégica: limitar la importancia de la industria del automóvil en la economía de un país y limitar también el lugar que el objeto «auto» ocupa en la vida cotidiana, en la circulación y en los medios de transporte. Sustituir el automóvil por otras técnicas, otros objetos y otros medios de transporte (por ejemplo, públicos). Es este un ejemplo un poco simple y trivial pero demostrativo de la subordinación de lo «real» a una estrategia determinada.

El problema del *ocio* obliga a pensar aún con mayor claridad una estrategia. Para plantear este problema en toda su amplitud conviene primero eliminar algunos fantasmas impregnados de ideología. El imaginario social organizado (por la ideología y por la publicidad), así como la triste realidad de los *«hobbies»* y de la «creatividad» empequeñecida bloquean el horizonte. Ni las vacaciones, ni la producción cultural industrializada, ni el ocio en la vida cotidiana o fuera de la cotidianidad resuelven el problema. Sus imágenes impiden plantearlo. El problema está en cómo acabar con las separaciones: «cotidianidad-ocio» o «vida cotidiana-fiesta». El objetivo es restituir la fiesta transformando la vida cotidiana. La ciudad fue espacio ocupado a la vez por el trabajo productivo, por las obras y por las fiestas. Debemos recuperar en una sociedad urbana transformada esta «función más allá de las funciones»: así se formula uno de los objetivos estratégicos que, por otra parte, se limita a señalar lo que hoy acontece, sin gracia ni esplendor, en las ciudades (o en festividades y festivales que torpemente intentan recrear la fiesta).

Cada tipo de sociedad relevante, en otros términos cada modo de producción, ha tenido su tipo de ciudad. La discontinuidad (relativa) de los modos de producción jalona la historia de la realidad urbana. Si bien este jalonamiento nada tiene de exclusivo, es posible realizar otras periodizaciones. En particular, aquella que muestra desde más cerca la sucesión de los tipos urbanos, que no coinciden completamente con la periodización primordial. Y, sin embargo, cada tipo urbano ha propuesto y realizado una centralidad específica.

Razón y resultado del modo de producción asiático, la ciudad de Oriente ofrece para reuniones y encuentros su vía triunfal. Por esta vía van y vuelven los ejércitos, que protegen y oprimen el territorio agrícola administrado por la ciudad. En la vía triunfal se producen desfiles militares y procesiones religiosas. Es punto de partida y de llegada; el centro del mundo está en el palacio del príncipe (el *omphalós* [u ombligo]). El recinto sagrado recoge y condensa la sacralidad difundida sobre el conjunto del territorio; manifiesta el derecho eminente del soberano, en el que posesión y sacralización son inseparables. La vía triunfal penetra en el recinto por una puerta, monumento entre los monumentos. La puerta es el verdadero centro urbano; el centro del mundo no está abierto a los encuentros. Alrededor de la puerta se reúnen los guardias, los guías de caravanas, los de vida errante y los ladrones. Allí tiene su sede el tribunal urbano y allí se dan cita los habitantes para coloquios espontáneos. Es lugar del orden y del desorden urbanos, de las revueltas y de las represiones.

En la ciudad antigua, griega y romana, la centralidad se sitúa en un espacio vacío: el ágora, el foro. Es una plaza, un lugar preparado para la reunión. Entre el ágora y el foro hay una importante diferencia: este último está marcado por las prohibiciones; rápidamente lo colmarán edificios, despojándolo de su carácter de lugar abierto; no se disocia del centro del mundo, del averno (el *«mundus»*) sagrado-demoníaco de donde emergen las ánimas, a donde se arroja a condenados y niños no deseados. Los griegos no enfatizaron el horror, la vinculación entre la centralidad urbana y el mundo subterráneo de los muertos y las almas. Su pensamiento, como su ciudad, se vincula al cosmos (distribución luminosa de los lugares en el espacio) más que al mundo (pasadizo, corredor de tinieblas, errancia subterránea). Sobre Occidente, más romanizado que helénico, gravita el peso de esta sombra.

La ciudad medieval, por su parte, no tardó en integrar a mercaderes y mercancías. Pronto los situó en su centro: la plaza del mercado, centro comercial que, por una parte, marca la vecindad de la Iglesia y, por otra, la exclusión (la heterotopía del territorio) a través del propio recinto. El simbolismo y las funciones de este recinto difieren de lo que el análisis nos descubre en la ciudad oriental o antigua. El terror pertenece tanto a los señores como a los campesinos, a los de vida errante, a los bandidos. La centralidad urbana acoge los productos y las personas. Prohíbe el acceso a los que amenazan su función esencial, que se transforma en económica, anuncio y preparación del capitalismo (es decir, el modo de producción en el que predominan lo económico y el valor de cambio). Sin embargo, la centralidad en cuanto que función y estructura continúa siendo objeto de todas las atenciones. Es ornamentada. Los más pequeños burgos y bastidas poseen arcadas, un mercado monumental, edificios municipales lo más suntuosos posible, así como lugares de recreo. La Iglesia bendice los negocios y calma la conciencia de los ciudadanos que se dedican a ello. Entre la iglesia y el mercado, en la plaza, tienen lugar las asambleas que participan de este doble carácter: religioso y racional (dentro de los límites de la racionalidad comercial). ¿Cómo se alían, cómo chocan, cómo entran en combinación o en conflicto estos dos caracteres? Ello constituye ya otro tema.

La ciudad capitalista ha creado el centro de consumo. La producción industrial no ha constituido una centralidad propia, salvo en los casos privilegiados –si así se les puede llamar– de importantes empresas a cuyo alrededor se ha edificado una ciudad obrera. Conocemos el doble carácter de la centralidad capitalista: lugar de consumo y consumo de lugar. Los comercios se condensan en un centro que atrae negocios excepcionales, productos y artículos de lujo. Esta centralidad se instala preferentemente en los antiguos núcleos, en los espacios que han sido apropiados a lo largo de la historia pasada. Pero se podría prescindir de todo ello. En estos lugares privilegiados, el consumidor acude también a consumir el espacio; la concentración de objetos en las tiendas, escaparates y estantes, se convierte en razón y pretexto para el encuentro de personas que ven, miran, hablan, se hablan. A partir de esa confluencia de cosas, pasa a ser terreno para el encuentro. Lo que se dice y se escribe es, ante todo, el mundo de la mercancía, el lenguaje de las mercancías, la gloria y ascenso del valor de cambio. Esta centralidad tiende a suprimir el valor de uso a través del intercambio y del valor de cambio. Sin embargo, el uso y el valor de uso resisten obstinadamente: irreductiblemente. Esta irreductibilidad del centro urbano desempeña un papel esencial en la argumentación.

El neocapitalismo, por su parte, superpone el centro de decisión al centro de consumo (al que ni niega ni destruye). No reúne ya a personas o cosas, sino informaciones y conocimientos. Los inscribe bajo una forma de simultaneidad: la concepción del conjunto incorporada en el cerebro electrónico, utilizando la cuasi-instantaneidad de las comunicaciones, superando los obstáculos (las pérdidas de información, las acumulaciones sin sentido de elementos, las redundancias, etc.). ¿Con un fin desinteresado? Desde luego, no. Aquellos que conforman la centralidad específica tienen como objetivo el poder o son instrumentos del mismo. El problema se plantea, por tanto, a nivel político. Ya no se trata solamente de «dominar la técnica» en general, sino de dominar técnicas muy determinadas con sus implicaciones sociopolíticas. Se trata de someter a los amos potenciales: aquellos cuyo poder se apropia de todas las posibilidades.

¿Por qué esta argumentación ha sido retomada y conducida hacia nuevas conclusiones? Para proponer y justificar otra centralidad. Esta sociedad urbana cuya posibilidad exponemos aquí no puede conformarse con las centralidades pasadas incluso si no las destruye, sino que las utiliza y se las apropia al modificarlas. ¿Qué proyectar? La centralidad cultural tiene algo de ingrato. Se deja organizar fácilmente, institucionalizar y, por ende, burocratizar. Nada iguala en ridículo al burócrata de la cultura. La educación atrae, pero no seduce y apenas cautiva. La pedagogía implica prácticas localizadas y no una centralidad social. Nada demuestra tampoco que haya «una» cultura o «la» cultura. El más grande de los juegos, el teatro, sometido a esta entidad que es «la cultura» y a su ideología, «el culturalismo», se ve amenazado por el aburrimiento. Los elementos de una unidad superior, los fragmentos y aspectos de la «cultura», lo educativo, lo formativo y lo informativo, pueden encontrarse. ¿Dónde obtener el principio de la unidad y su contenido? En *lo lúdico*. El término debe entenderse en su acepción más amplia y en su sentido más «profundo». El deporte es lúdico, el teatro también y de una manera más activa y participativa que el cine. Tampoco son desdeñables los juegos de los niños, ni los de los adolescentes. Las ferias y los juegos colectivos de todo tipo persisten en los intersticios de la sociedad de consumo dirigido, en los vanos de una sociedad respetable que se pretende estructurada y sistemática, que se califica de técnica. Los antiguos lugares de confluencia, por otro lado, han perdido en gran parte su sentido: la fiesta muere o se separa de ellos. El hecho de que recuperen su sentido no impide la creación de lugares adecuados a la fiesta renovada, esencialmente vinculada a la invención lúdica.

No cabe duda de que la sociedad llamada de consumo esboza esta dirección. Centros de ocio, «sociedades de ocio», ciudades de lujo y placeres, lugares de vacaciones lo demuestran con elocuencia (con una retórica particular, visible en la publicidad). Se trata, pues, solamente de dar forma a esta tendencia, todavía sometida a la producción industrial y comercial, de cultura y ocio en esta sociedad. La proposición y el proyecto se definen, por tanto, como un encuentro subordinado al juego en lugar de subordinar el juego a lo «respetable» de la cultura y de la cientificidad. Esta reunión para nada excluye los elementos «culturales». Al contrario, los reúne, restituyéndolos a su verdad. El teatro se convierte en «cultura» tardíamente y a través de las instituciones, mientras el juego pierde su lugar y pierde valor en la sociedad. ¿No será la cultura una forma de inserción de la obra y del estilo en el valor de cambio? Esto es lo que permite su comercialización, junto a la producción y el consumo de este producto específico.

La *centralidad lúdica* implica restituir el sentido de la obra que el arte y la filosofía aportaron; conceder prioridad al tiempo sobre el espacio, sin olvidar que el tiempo se inscribe y escribe en el espacio; poner la apropiación por encima de la dominación.

El espacio lúdico ha coexistido y coexiste todavía con espacios de intercambio y de circulación, con el espacio político y con el espacio cultural. Los proyectos que pierden estos espacios cualitativos y diferentes en el seno de un «espacio social» cuantificado, regulado únicamente por cálculos y por contabilidad, revelan una esquizofrenia que se oculta bajo el velo del rigor, la cientificidad y la racionalidad. En estos proyectos, se ha mostrado ya anteriormente el resultado inevitable de un pensamiento analítico que, sin demasiadas precauciones, se pretende global. La globalidad así retomada no es otra cosa que el espacio formalizado de la patología social. Del concepto de *hábitat* al espacio esquizofrénico proyectado como modelo social, hay una continuidad. El planteamiento aquí realizado no consiste en suprimir las diferencias históricas ya constituidas e instituidas, en definitiva, los espacios cualificados. Por el contrario, estos espacios de por sí complejos pueden articularse, acentuando las diferencias y los contrastes, optando por la *cualidad* que implica y sobredetermina la *cantidad*. A estos espacios cabe aplicarles principios formales de diferencia y de articulación, de superposición en los contrastes. Los espacios sociales así concebidos se adhieren a tiempos y ritmos sociales que pasan a un primer plano. Se comprende así mejor cómo y hasta dónde, en la realidad urbana, los acontecimientos se reparten en una duración mientras marcan los recorridos. La verdad del tiempo urbano recupera su papel, lúcidamente. El habitar redescubre su lugar por encima del hábitat. La cualidad promovida se representa y se presenta como *lúdica*. Haciendo un *juego de palabras*, podría decirse que habrá *juego* entre las piezas del conjunto social –plasticidad– en la medida en que el *juego* se proclame como valor supremo, importante y quizá serio, superando el uso y el cambio mediante su conjunción. Y si alguien exclamara que esta utopía nada tiene en común con el socialismo, habría que responderle que en la actualidad tan solo la clase obrera sabe aún verdaderamente jugar, tiene deseos de jugar, por encima y más allá de las reivindicaciones y programas del economicismo y de la filosofía política. ¿Qué lo demuestra? El deporte, el interés que el deporte y los múltiples juegos, entre ellos las formas degradadas de la vida lúdica, suscitan en la televisión y en otras partes. El centro urbano, ya ahora, aporta a las personas de la ciudad movimiento, improvisación, posibilidades y encuentros. Es un «teatro espontáneo» o no es nada.

La ciudad futura, si es que se logra esbozar su contorno, se definiría bastante bien imaginando el reverso de la situación actual y llevando al extremo esta imagen invertida del mundo al revés. Actualmente, se intentan establecer estructuras fijas, *permanencias* llamadas «estructuras de equilibrio», *estabilidades* sometidas a la sistematización y, por tanto, al poder existente. Se juega tácticamente con el envejecimiento acelerado (la obsolescencia) y la rápida desaparición de los bienes de consumo irónicamente llamados «durables»: los vestidos (que hacen desaparecer la usura moral y la moda), los objetos cotidianos (muebles), los automóviles, etc. La ciudad ideal conlleva la obsolescencia del espacio: cambio acelerado de casas, emplazamientos, espacios preparados. Estamos hablando de la *ciudad efímera*, obra perpetua de los habitantes, a su vez móviles y movilizados por y para esta obra. En ella, el tiempo recupera su lugar, el lugar primordial. Ninguna duda cabe de que la técnica hace posible la ciudad efímera, apogeo de lo lúdico, obra y lujo supremo: ¿qué lo demuestra? Por ejemplo –un ejemplo entre otros–, la última exposición universal, la de Montreal.[1]

Poner el arte al servicio de lo urbano no significa ornamentar el espacio urbano con objetos de arte. Esta parodia de *lo posible* se retrata a sí misma como una caricatura. Esto quiere decir que los tiempos-espacios se convierten en obras de arte y que el arte pasado se reconsidera como fuente y modelo de *apropiación* del espacio y del tiempo. El arte aporta casos y ejemplos de «tópicos» apropiados: de cualidades temporales inscritas en espacios. La música demuestra cómo la expresión se apropia del número, cómo el orden y la medida son vehículos de lirismo. Demuestra que el tiempo, trágico o dichoso, puede absorber y reabsorber

1. Hace referencia a la Exposición Universal de 1976 celebrada en la ciudad canadiense de Montreal. *(N. del T.)*.

el cálculo. Así sucede con la escultura o la pintura, con menos fuerza y más precisión que con la música. Y no olvidemos que los jardines, los parques y paisajes formaron parte de la vida urbana del mismo modo que las bellas artes. Tampoco olvidemos que el paisaje alrededor de las ciudades fue obra de estas ciudades; por ejemplo, el paisaje toscano alrededor de Florencia, que, inseparable de la arquitectura, desempeña un importantísimo papel dentro de las artes clásicas. El arte, prescindiendo ya de la representación, el ornato, la decoración, puede convertirse en *praxis* y *poiesis* a escala social: el arte de vivir en la ciudad como obra de arte. Volviendo al estilo, a la obra, es decir, al sentido del monumento y del espacio apropiado en la fiesta, el arte puede preparar «estructuras de encantamiento». La arquitectura por sí sola no sabría ni restringir las posibilidades ni ser capaz de abrirlas. Es necesario algo más, algo mejor, otra cosa. La arquitectura, como arte y técnica, necesita también una orientación. Aunque necesaria, no se podría bastar a sí misma, ni podría el arquitecto fijar sus metas y determinar su estrategia. Dicho de otro modo, el porvenir del arte no es artístico, sino urbano. La razón es que el porvenir del «hombre» no se descubre ni en el cosmos, ni en la gente, ni en la producción, sino en la sociedad urbana. La filosofía, al igual que el arte, puede y debe reconsiderarse en función de esta perspectiva. La problemática de *lo urbano* reactualiza la problemática de la filosofía, sus categorías y métodos. Sin que haya razón para romperlas o rechazarlas, estas categorías reciben algo distinto y nuevo: otro sentido.

El derecho a la ciudad se manifiesta como forma superior de los derechos: el derecho a la libertad, a la individualización en la socialización, al hábitat y al habitar. El derecho a la *obra* (a la actividad participativa) y el derecho a la *apropiación* (muy diferente del derecho a la propiedad) están imbricados en el derecho a la ciudad.

Por lo que respecta a la filosofía, podemos diferenciar tres periodos. Esta es una periodización particular entre las que marcan el *continuum* del devenir. En la primera época, la filosofía reflexiona sobre la ciudad como un todo (parcial) en el seno de la totalidad, del cosmos y del mundo. En la segunda, la filosofía reflexiona sobre una totalidad que trasciende la ciudad: la historia, «el hombre», la sociedad y el Estado. Acepta e incluso sanciona en nombre de la totalidad varias fragmentaciones. Refuerza el abordaje analítico, creyendo refutarlo o superarlo. En el tercer periodo, compite en una promoción de la racionalidad y de la práctica, que se transforman en racionalidad urbana y en práctica urbanística.

14. La realización de la filosofía

Retomemos el hilo conductor del presente estudio, que nos ha llevado hasta sus conclusiones, y mostremos su continuidad. El conocimiento se encuentra en una situación insostenible. La filosofía pretendía alcanzar *lo total* y pasaba de largo, sin conseguir captarlo y menos aún realizarlo. A su manera, mutilaba la totalidad ofreciendo una representación sistematizada, especulativa y contemplativa de la misma. Y, sin embargo, solo el filósofo tenía y todavía tiene el sentido de *lo total*. Los conocimientos parciales y parcelarios intentan alcanzar certidumbres, realidades, pero solo consiguen fragmentos. No pueden prescindir de la síntesis, pero no pueden legitimar el derecho a la síntesis.

La filosofía griega, desde sus inicios, se vinculó a la ciudad griega, con sus grandezas y miserias, con sus limitaciones: la esclavitud, la subordinación del individuo a la *polis*. Dos mil años más tarde, Hegel anunciaba la realización de la racionalidad filosófica liberada gracias a estos siglos de reflexión y meditación, pero en y a través del Estado.

¿Cómo salir de este callejón sin salida? ¿Cómo resolver estas contradicciones?

La *producción industrial* ha alterado las nociones relativas a la capacidad social de actuar, de crear de nuevo, de dominar la naturaleza material. La filosofía no podía mantener su misión tradicional, ni el filósofo su vocación: definir al hombre, lo humano, la sociedad, el mundo y, al mismo tiempo, asumir bajo su responsabilidad la creación del hombre a través de su esfuerzo, su trabajo, su voluntad y su lucha contra los determinismos y los azares. Entraba en escena la ciencia y las ciencias, la técnica, la organización y la racionalización de la industria. ¿Se irían así a la tumba dos mil años de filosofía? No. La industria aporta medios nuevos. No tiene en sí su fin y su sentido. Envía al mundo *productos*. La filosofía, obra por excelencia (junto con el arte y las obras de arte), señala aquello que es *apropiación* y no mero dominio técnico de la naturaleza material, productora de productos y de valor de cambio. Al filósofo, pues, corresponde hablar, *indicar el sentido* de la producción industrial, con la condición de no especular sobre ella, de no tomarla como tema, prolongando la antigua manera de filosofar, debiendo considerarla *medio para realizar la filosofía*, es decir, el *proyecto filosófico* del hombre en el mundo: deseo y razón, espontaneidad y reflexión, vitalidad y formalización, dominio y apropiación, determinismos y libertades. La filosofía no puede realizarse sin que antes el arte (como modelo de apropiación del tiempo y del espacio) se cumpla plenamente en la práctica social, mientras la técnica y la ciencia, en cuanto que medios, no hayan sido plenamente utilizadas y sin que la condición proletaria haya sido también superada.

Esta revolución teórica comenzada por Marx se eclipsó posteriormente y la producción industrial, el crecimiento económico, la racionalidad organizadora y el consumo de productos acabaron convertidos en meros fines en lugar de ser medios subordinados a un fin superior. En la actualidad, la *realización de la filosofía* puede recuperar su sentido, es decir, dar un sentido a la historia, así como a la actualidad. El hilo interrumpido hace un siglo se reanuda. El bloqueo de la situación teórica se rompe. Y el abismo entre lo total y lo parcial o parcelario, entre un conjunto incierto y unos fragmentos demasiado ciertos, desaparece. A partir del momento en que la sociedad urbana revela el sentido de la industrialización, estos conceptos desempeñan un papel nuevo. La revolución teórica continúa y la revolución urbana (el lado revolucionario de la reforma urbana, de la estrategia urbana) pasa a un primer plano. La revolución teórica y la transformación política van, por tanto, a la par.

El pensamiento teórico apunta a la realización de otra humanidad que nada tiene que ver con la sociedad de bajo nivel productivo (la de épocas de no abundancia o, mejor aún, de imposible abundancia) ni con la sociedad productivista. En una sociedad y en una vida urbanas liberadas de antiguos límites –los de la escasez y el economicismo–, las técnicas, el arte y el conocimiento se ponen al servicio de la cotidianidad para así transformarla. De este modo, se define la realización de la filosofía. No se trata ya de una filosofía de la ciudad y de una filosofía histórico-social, al lado de una ciencia de la ciudad. La realización de la filosofía da un sentido a las ciencias de la realidad social. Esto refuta de antemano la acusación de «sociologicismo» que de seguro surgirá en contra de las hipótesis y tesis aquí expuestas. Ni filosofismo, ni cientificismo, ni pragmatismo. Ni sociologicismo, ni psicologicismo, ni economicismo. Ni historicismo. Algo diferente se anuncia.

15. Tesis sobre la ciudad, lo urbano y el urbanismo

1. Dos conjuntos de cuestiones han enmascarado los problemas de la ciudad y de la sociedad urbana, dos tipos de urgencia: por un lado, las cuestiones del alojamiento y del «hábitat» (derivadas de una política de alojamientos y de técnicas arquitectónicas); y, por otro lado, las cuestiones de la organización industrial y de la planificación global. Las primeras desde abajo y las segundas desde arriba han producido y, a la vez, encubierto un estallido de la forma tradicional de las ciudades, mientras la urbanización de la sociedad proseguía. Por tanto, una nueva contradicción se añadía a las otras contradicciones no resueltas de la sociedad existente, agravándolas y dándoles otro sentido.

2. Estos dos conjuntos de problemas han sido y son planteados por el crecimiento económico, por la producción

industrial. La experiencia práctica demuestra que puede haber crecimiento sin desarrollo social (crecimiento cuantitativo, sin desarrollo cualitativo). En estas condiciones, los cambios sociales son más aparentes que reales. El fetichismo y la ideología del cambio (dicho de otro modo: la ideología de la modernidad) ocultan la atrofia de las relaciones sociales esenciales. El desarrollo de la sociedad solo puede concebirse en la vida urbana y con el fin de realizar la sociedad urbana.

3. El doble proceso de industrialización y urbanización pierde todo sentido si no se concibe a la sociedad urbana como meta y finalidad de la industrialización, si se subordina la vida urbana al crecimiento industrial. Este último favorece las condiciones y los medios para la sociedad urbana. Proclamar la racionalidad industrial como necesaria y suficiente equivaldría a destruir el sentido (la orientación, el objetivo) del proceso. La industrialización produce la urbanización, en una primera fase negativamente (estallido de la ciudad tradicional, de su morfología, de su realidad práctico-sensible). Después de esto, aparece la verdadera tarea por emprender. La sociedad urbana se erige sobre las ruinas de la ciudad antigua y su entorno agrario. Mientras se producen estos cambios, la relación entre industrialización y urbanización se transforma. La ciudad deja de ser continente, receptáculo pasivo de los productos y de la producción. En la fragmentación de la realidad urbana, el *centro de decisión* resiste y se reafirma. En adelante, este centro de decisión formará parte de *los medios de producción* y de *los dispositivos de explotación del trabajo social*

por parte de quienes detentan la información, la cultura y los poderes de decisión mismos. Solo una teoría permite utilizar los datos prácticos y realizar de manera efectiva la sociedad urbana.

4. Para esta realización, ni la organización empresarial ni la planificación global resultan suficientes, si bien son necesarias. Se produce así un salto adelante de la racionalidad. Ni el Estado ni la empresa proporcionan los modelos de racionalidad y realidad indispensables.
5. La realización de la sociedad urbana reclama una planificación orientada hacia las necesidades sociales, las de la sociedad urbana. Necesita una ciencia de la ciudad (de las relaciones y correlaciones en la vida urbana). Estas condiciones, aunque necesarias, no bastan. Se hace igualmente indispensable una fuerza social y política capaz de poner en marcha estos medios (que solo son medios).
6. La clase obrera sufre las consecuencias del estallido de las antiguas morfologías. Es víctima de una segregación, de la estrategia de clase que permite este estallido. Esta es la forma actual de la situación negativa del proletariado. La antigua miseria proletaria se atenúa y tiende a desaparecer en los grandes países industriales. Una nueva miseria se extiende, alcanzando principalmente al proletariado aunque sin perdonar a otras capas y clases sociales: la miseria del hábitat, la del habitante sometido a una cotidianidad organizada (en y por la sociedad burocrática de consumo dirigida). A los que todavía duden de la existencia como tal de la clase obrera, bastará con recordar la segregación y la miseria de su «habitar» sobre el terreno.

7. En estas difíciles condiciones, en el seno de esta sociedad que no puede oponerse totalmente a la clase obrera y que, sin embargo, le cierra el camino, se abren paso unos derechos que definen a la civilización (*en* y, a menudo, *contra* la sociedad; *por* y, a menudo, *contra* la «cultura»). Estos derechos mal reconocidos se convierten poco a poco en costumbres antes de inscribirse en los códigos formalizados. Si entraran en la práctica social, cambiarían la realidad: del derecho al trabajo, a la instrucción, a la educación, a la salud, al alojamiento, al ocio y a la vida. Entre estos derechos en formación figura el *derecho a la ciudad* (no a la ciudad antigua, sino a la vida urbana, a la centralidad renovada, a los lugares de encuentros y de intercambios, a los ritmos de vida y empleos del tiempo que permiten el *uso* pleno y entero de estos momentos y lugares, etc.). La proclamación y la realización de la vida urbana como reino del uso (del intercambio y del encuentro liberados del valor de cambio) reclaman el dominio de lo económico (del valor de cambio, del mercado y la mercancía) y se inscriben, por consiguiente, en la perspectiva de la revolución bajo la hegemonía de la clase obrera.

8. Para la clase obrera, expulsada de los centros a las periferias, desposeída de la ciudad, expropiada así de los mejores resultados de su actividad, este derecho tiene un alcance y una significación particulares. Para ella representa, a la vez, un medio y un fin, un camino y un horizonte; pero esta acción virtual de la clase obrera representa también los intereses generales de la civilización y los intereses particulares de todas las capas socia-

les de «habitantes», para quienes la integración y la participación se hacen obsesivas, sin que logren hacer eficaces estas obsesiones.

9. La transformación revolucionaria de la sociedad tiene por terreno y por palanca la producción industrial. Por ello, ha sido preciso demostrar que el centro urbano de decisión no puede ya considerarse (en la sociedad actual: el neocapitalismo o capitalismo monopolístico ligado al Estado) ajeno a los medios de producción, a su propiedad y a su gestión. Solo la asunción de la planificación por parte de la clase obrera y de sus representantes políticos puede modificar profundamente la vida social y abrir una segunda era: la del socialismo en los países neocapitalistas. Mientras tanto, las transformaciones permanecerán en la superficie, en el nivel de los signos y del consumo de signos, del lenguaje y el metalenguaje (discursos en segundo grado, discursos sobre discursos precedentes). Por tanto, solo con algunas reservas cabe hablar de revolución urbana. Sin embargo, la orientación de la producción industrial de acuerdo con las necesidades sociales no constituye un hecho secundario. La finalidad que así se aporta a los planes los transforma. La reforma urbana tiene, pues, un alcance revolucionario. La reforma urbana es una reforma revolucionaria como lo es, a lo largo de este siglo XX, la reforma agraria que poco a poco desaparece del horizonte. Da lugar a una estrategia que se opone a la estrategia de clase hoy dominante.

10. Solo el proletariado puede centrar su actividad social y política en la realización de la sociedad urbana. Igual-

mente, solo él puede renovar el sentido de la actividad productora y creadora, destruyendo la ideología de consumo. Él tiene, por tanto, la capacidad de producir un nuevo humanismo, diferente del viejo humanismo liberal que finaliza ya su camino. Ese nuevo humanismo será el del *hombre urbano* para y por quien la ciudad y su propia vida cotidiana en la ciudad se convierten en obra, *apropiación*, valor de uso (y no valor de cambio), sirviéndose de todos los medios de la ciencia, el arte, la técnica, el dominio de la naturaleza material.

11. Sin embargo, la diferencia entre *producto* y *obra* persiste. Al sentido de la producción de productos (del dominio científico y técnico sobre la naturaleza material) debe añadirse, para enseguida predominar, el sentido de la *obra* y de la *apropiación* (del tiempo, del espacio, del cuerpo, del deseo). Y ello en y por la sociedad urbana que comienza. En efecto, la clase obrera no posee espontáneamente el sentido de la obra. Este sentido está atrofiado. Casi ha desaparecido junto con el artesanado, los oficios y la «calidad». ¿Dónde encontrar este precioso depósito, el sentido de la obra? ¿Dónde podrá recibirlo la clase obrera para llevarlo a un nivel superior, uniéndolo a la inteligencia productora y a una razón dialéctica en la práctica? Por un lado, la filosofía y la tradición filosófica entera y, por otro, el arte también en su totalidad (no sin una crítica radical a sus dones y presentes) contienen el sentido de la obra.

12. Esto exige una revolución cultural permanente junto a la revolución económica (planificación orientada hacia

las necesidades sociales) y a la revolución política (control democrático del aparato estatal, autogestión generalizada).

No hay incompatibilidad entre estos niveles de la revolución total, como tampoco la hay entre la estrategia urbana (reforma revolucionaria que apunta a la realización de la sociedad urbana sobre la base de una industrialización avanzada y planificada) y la estrategia que apunta a la transformación de la vida campesina tradicional por la industrialización. Es más, en la actualidad, en la mayoría de los países, la realización de la sociedad urbana pasa por la reforma agraria y la industrialización. No cabe duda de que es posible un frente mundial. También es cierto que en la actualidad este frente es imposible. Esta utopía, aquí como en otras muchas ocasiones, proyecta en el horizonte lo «posible-imposible». Por suerte o por desgracia, el tiempo de la historia y de la práctica social difiere del tiempo de la filosofía. Aun si no produce lo irreversible, puede producir lo que será difícilmente reparable. Como escribiera Marx, la humanidad solo se plantea los problemas que puede resolver. Algunos creen hoy que los hombres solo se plantean problemas irresolubles. Desmienten a la razón. Sin embargo, quizá haya problemas fáciles de resolver, con una solución bien cercana que la gente no se plantea.

París, 1967
(centenario de *El capital*)